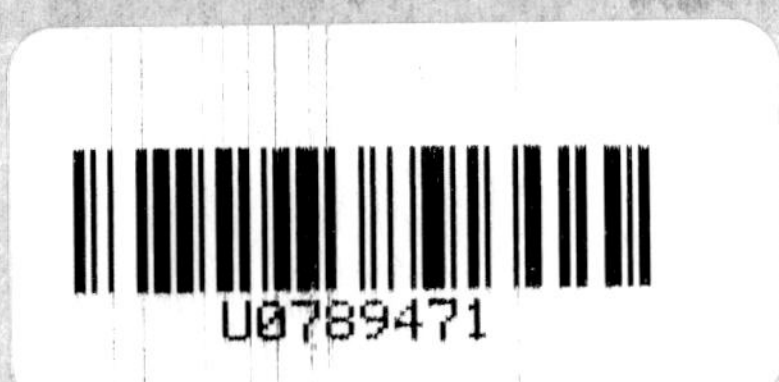

圖書在版編目(CIP)數據

孫子兵法:綫裝本/(三國)曹操等注. —北京:中華書局,2025.1.—
ISBN 978-7-101-16835-8

Ⅰ. E892.25

中國國家版本館 CIP 數據核字第 2024BW4441 號

責任編輯:石　玉
責任印製:管　斌

孫子兵法(綫裝本)
(全三册)
〔三國〕曹　操 等注
*
中 華 書 局 出 版 發 行
(北京市豐臺區太平橋西里 38 號　100073)
http://www.zhbc.com.cn
E-mail:zhbc@zhbc.com.cn
常州市金壇古籍印刷廠有限公司印刷
*
2025 年 1 月第 1 版　2025 年 1 月第 1 次印刷
印數:1-1000 册　定價:388.00 元

ISBN 978-7-101-16835-8

ISBN 978-7-101-16835-8
9 787101 168358 >

孫子兵法

〔三國〕曹操等　注

第一册

中華書局

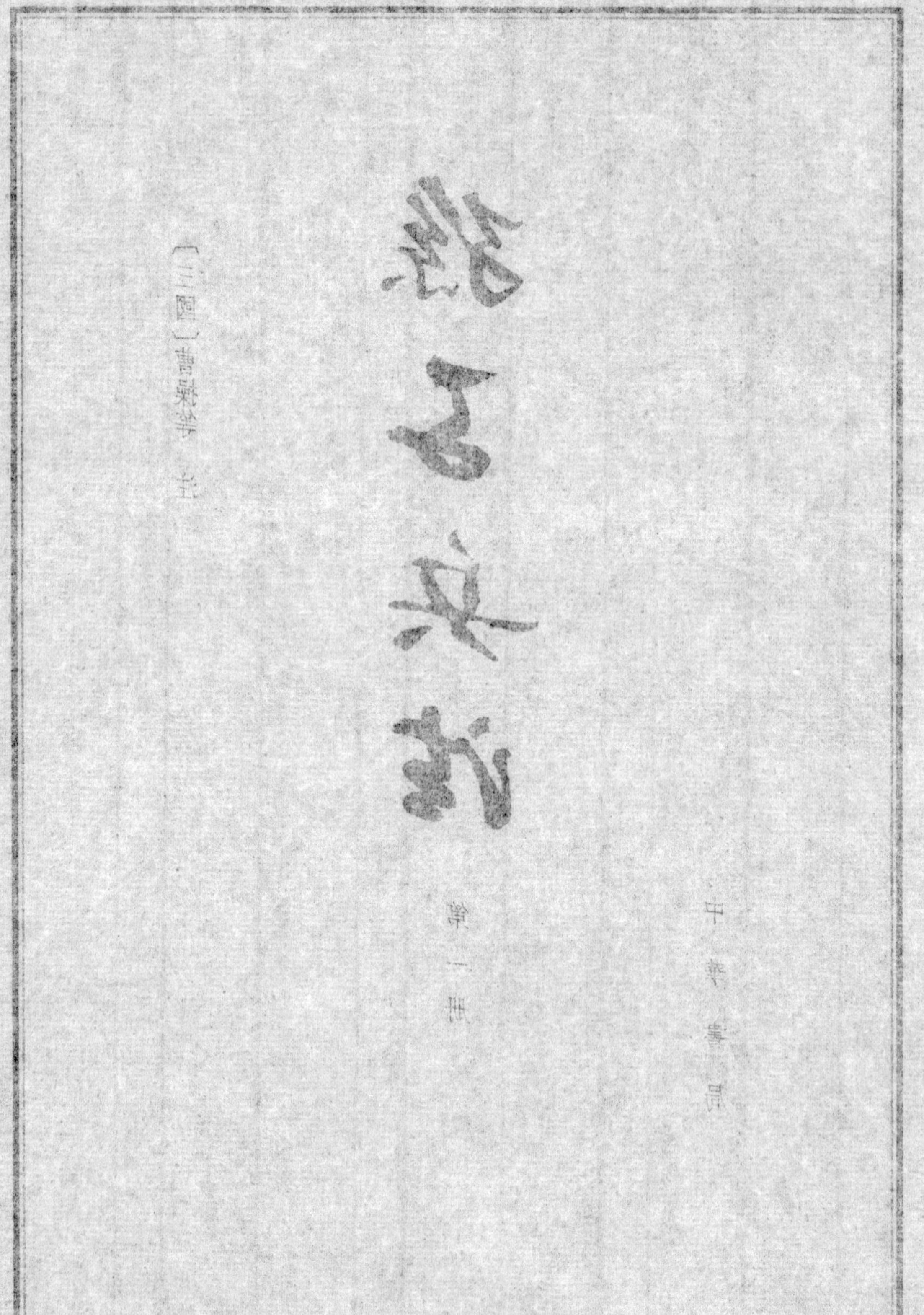

出版説明

《孫子兵法》是我國現存最早的一部軍事典籍，被譽爲「兵學聖典」。該書由十三篇構成，分别爲《計》《作戰》《謀攻》《形》《勢》《虚實》《軍争》《九變》《行軍》《地形》《九地》《火攻》《用間》，内容涉及古代戰争的方方面面，内容豐富，實用性强，受到歷代军事家和學者的重視，爲其作注者不乏其人。南宋時有人將曹操、孟氏、李筌、賈林、杜佑、杜牧、陳皞、王晳、梅堯臣、何氏和張預十一家注輯在一起，編成《十一家注孫子》。十一家注主要側重兩個方面，一是解釋重點疑難字詞，串講原文大義，二是以大量歷史上真實發生的戰争作爲論述的例證，從而方便讀者更加深刻直觀地理解原文内容，至今仍是讀者研讀《孫子兵法》的必備書。

此次推出的綫裝本《孫子兵法》，即是對《續修四庫全書》影印上海圖書館藏宋刊本《十一家注孫子》的標點排印，明顯的錯字，用圓括號標出，並用六角括號注明正字。《史記·孫子吴起列傳》對孫武事迹有詳細叙述，方便讀者了解其生平，現整理出來放在書前。因水平所限，不妥之處在所難免，望讀者不吝指正。

中華書局編輯部

二〇二四年七月

目録

孫子本傳

孫子武者，齊人也。以兵法見於吳王闔廬。闔廬曰：「子之十三篇，吾盡觀之矣，可以小試勒兵乎？」對曰：「可。」闔廬曰：「可試以婦人乎？」曰：「可。」於是許之，出宮中美女，得百八十人。孫子分爲二隊，以王之寵姬二人各爲隊長，皆令持戟。令之曰：「汝知而心與左右手背乎？」婦人曰：「知之。」孫子曰：「前，則視心；左，視左手；右，視右手；後，即視背。」婦人曰：「諾。」約束既布，乃設鈇鉞，即三令五申之。於是鼓之右，婦人大笑。孫子曰：「約束不明，申令不熟，將之罪也。」復三令五申而鼓之左，婦人復大笑。孫子曰：「約束不明，申令不熟，將之罪也；既已明而不如法者，吏士之罪也。」乃欲斬左右隊長。吳王從臺上觀，見且斬愛姬，大駭。趣使使下令曰：「寡人已知將軍能用兵矣。寡人非此二姬，食不甘味，願勿斬也。」孫子曰：「臣既已受命爲將，將在軍，君命有所不受。」遂斬隊長二人以徇。用其次爲隊長，於是復鼓之。婦人左右前後跪起皆中規矩繩墨，無敢出聲。於是孫子使使報王曰：「兵既整齊，王可試下觀之，唯王所欲用之，雖赴水火猶可也。」吳王曰：「將軍罷休就舍，寡人不願下觀。」孫子曰：「王徒好其言，不能用其實。」於是闔廬知孫子能用兵，卒以爲將。西破彊楚，入郢，北威齊晉，顯名諸侯，孫子與有力焉。

孫武既死，後百餘歲有孫臏。

十一家注孫子卷上

計篇

曹操曰：計者，選將、量敵、度地、料卒、遠近、險易，計於廟堂也。○李筌曰：計者，兵之上也。《太一遁甲》：「先以計，神加德宫，以斷主客成敗。」故孫子論兵，亦以計爲篇首。○杜牧曰：計，筭也。曰：計筭何事？曰：下之五事，所謂道、天、地、將、法也。於廟堂之上，先以彼我之五事計筭優劣，然後定勝負。勝負既定，然後興師動衆。用兵之道，莫先此五事，故著爲篇首耳。○王晳曰：計者，謂計主將、天地、法令、兵衆、士卒、賞罰也。○張預曰：《管子》曰：「計先定於内，而後兵出境。」故用兵之道，以計爲首也。或曰：兵貴臨敵制宜，曹公謂「計於廟堂」者何也？曰：將之賢愚，敵之强弱，地之遠近，兵之衆寡，安得不先計之？及乎兩軍相臨，變動相應，則在於將之所裁，非可以隃度也。

孫子曰：兵者，國之大事，

杜牧曰：《傳》曰：「國之大事，在祀與戎。」○張預曰：國之安危在兵，故講武練兵，實先

務也。

死生之地，存亡之道，不可不察也。

李筌曰：兵者凶器，死生、存亡繫於此矣，是以重之，恐人輕行者也。○杜牧曰：國之存亡，人之死生，皆由於兵，故須審察也。○賈林曰：地，猶所也，亦謂陳師、振旅、戰陳之地。得其利則生，失其便則死，故曰死生之地。道者，權機立勝之道，得之則存，失之則亡，故曰不可不察也。《書》曰：「有存道者，輔而固之；有亡道者，推而亡之。」○梅堯臣曰：地有死生之勢，戰有存亡之道。○王晳曰：兵舉，則死生、存亡繫之。○張預曰：民之死生兆於此，則國之存亡見於彼。然死生曰地，存亡曰道者，以死生在勝負之地，而存亡繫得失之道也，得不重慎審察乎？

故經之以五事，校之以計，而索其情：

曹操曰：謂下五事、七計，求彼我之情也。○李筌曰：謂下五事也。校，量也。量計遠近，而求物情以應敵。○杜牧曰：經者，經度也。五者，即下所謂五事也。校者，校量也。計者，即

篇首計算也。索者，搜索也。情者，彼我之情也。此言先須經度五事之優劣，次復校量計算之得失，然後始可搜索彼我勝負之情狀。○賈林曰：校量彼我之計謀，搜索兩軍之情實，則長短可知，勝負易見。○梅堯臣曰：經紀五事，校定計利。○王晳曰：經，常也，又經緯也。計者，謂下七計。索，盡也。兵之大經，不出道、天、地、將、法耳。就而校之以七計，然後能盡彼己勝負之情狀也。○張預曰：經，經緯也。上先經緯五事之次序，下乃用五事以校計彼我之優劣，探索勝負之情狀。

一曰道，

張預曰：恩信使民。

二曰天，

張預曰：上順天時。

三曰地，

張預曰：下知地利。

四曰將，

張預曰：委任賢能。

五曰法。

杜牧曰：此之謂五事也。○王晳曰：此經之五事也。夫用兵之道，人和爲本，天時與地利則其助也。三者具，然後議舉兵。兵舉，必須將能；將能，然後法修。孫子所次，此之謂矣。○張預曰：節制嚴明。夫將與法在五事之末者，凡舉兵伐罪，廟堂之上，先察恩信之厚薄，後度天時之逆順，次審地形之險易，三者已熟，然後命將征之。兵既出境，則法令一從於將，此其次序也。

道者，令民與上同意也，

張預曰：以恩信道義撫衆，則三軍一心，樂爲其用。《易》曰：「悦以犯難，民忘其死。」

故可以與之死，可以與之生，而不畏危。

曹操曰：謂道之以教令。危者，危疑也。○李筌曰：危，亡也。以道理衆，人自化之，得其同

用，何亡之有？○杜牧曰：道者，仁義也。李斯問兵於荀卿，答曰：「彼仁義者，所以修政者也。政修，則民親其上，樂其君，輕爲之死。」復對趙孝成王論兵曰：「百將一心，三軍同力，臣之於君也，下之於上也，若子之事父，弟之事兄，若手臂之捍頭目而覆胷臆也。」如此，始可令與上下同意，死生同致，不畏懼於危疑也。○陳皞註同杜牧。○孟氏曰：一作「人不疑」，謂始終無二志也。一作「人不危」。道，謂道之以政令，齊之以禮教，故能化服士民，與上下同心也。故用兵之妙，以權術爲道。大道廢，而有法；法廢，而有權；權廢，而有勢；勢廢，而有術；術廢，而有數。大道淪替，人情訛僞，非以權數而取之，則不得其欲也。故其權術之道，使民上下同進趨，共愛憎，一利害，故人心歸於德，得人之力，無私之至也。故百萬之衆，其心如一，可與俱同死力動而不至危亡也。臣之於君，下之於上，若子之事父，弟之事兄，若手臂之捍頭目而覆胷臆也。如此，始可與上同意，死生同致，不畏懼於危疑。○賈林曰：將能以道爲心，與人同利共患，則士卒服，自然心與上者同也。使士卒懷我如父母，視敵如仇讎者，非道不能也。黄石公云：「得道者昌，失道者亡。」○杜佑曰：謂導之以政令，齊之以禮

教也。危者，疑也。上有仁施，下能致命也。故與處存亡之難，不畏傾危之敗。若晉陽之圍，沈竈産蛙，人無叛疑心矣。○梅堯臣曰：危，戾也。主有道，則政教行；人心同，則危戾去。故主安與安，主危與危。○王晳曰：道，謂主有道，能得民心也。夫得民之心者，所以得死力也。得死力者，所以濟患難也。《易》曰：「悅以犯難，民忘其死。」如是，則安畏危難之事乎？○張預曰：危，疑也。士卒感恩，死生存亡與上同之，決然無所疑懼。

天者，陰陽、寒暑、時制也。

曹操曰：順天行誅，因陰陽四時之制。故《司馬法》曰：「冬夏不興師，所以兼愛民也。」○李筌曰：應天順人，因時制敵。○杜牧曰：陰陽者，五行、刑德、向背之類是也。今五緯行止，最可據驗。巫咸、甘氏、石氏、唐蒙、史墨、梓慎、裨竈之徒皆有著述，咸稱祕奧。察其指歸，皆本人事。《準星經》曰：「歲星所在之分，不可攻，攻之反受其殃也。」《左傳》昭三十二年：「夏，吴伐越，始用師於越。史墨曰：不及四十年，越其有吴乎？越得歲而吴伐之，必受其凶。」《註》曰：「存亡之數，不過三紀。歲月三周，三十六歲，故曰『不及四十年』也。此

絜齋家塾

卷十 某篇

年歲在星紀。星紀，其分也，歲星所在，其國有福；吳先用兵，故反受其殃。」哀二十二年，越滅吳，至此三十八歲也。李淳風曰：「天下誅秦，歲星聚於東井。秦政暴虐，失歲星仁和之理，違歲星恭肅之道，拒諫信讒，是故胡亥終於滅亡。」復曰：「歲星清明潤澤，所在之國分大吉。君令合於時，則歲星光喜，年豐人安。君尚暴虐，令人不便，則歲星色芒，角而怒，則兵起。」由此言之，歲星所在，或有福德，或有災祥，豈不皆本於人事乎？夫吳越之君，德均勢敵。闔閭興師，志於吞滅，非爲拯民，故歲星福越而禍吳。秦之殘酷，天下誅之，上合天意，故歲星禍秦而祚漢。熒惑，罰星也。宋景公出一善言，熒惑退移三舍，而延二十七年。以此推之，歲爲善星，不福無道；火爲罰星，不罰有德。舉此二者，其他可知。況所臨之分，隨其政化之善惡，各變其本色，芒角大小，隨爲禍福，各隨時而占之。淳風曰：「夫形器著於下，精象係於上。」近取之身，耳目爲肝腎之用，鼻口實心腹所資，彼此影響，豈不然歟？《易》曰：「在天成象，在地成形，變化見矣。」蓋本於人事而已矣。刑德向背之説，尤不足信。夫刑德天官之陳，背水陳者爲絕地，向山坂陳者爲廢軍。武王伐紂，背濟水向山坂而陳，以二萬二千五百人擊紂之億萬而滅之。今可目睹者，國家自元和已後至今三十年間，凡四伐趙寇昭義軍，加以數道之衆常號十萬，圍之臨城縣，攻其南，不拔；攻其北，不拔；攻其東，不拔；攻其西，不拔。其四度圍之，通有十歲。十歲之內，東西南北，豈有刑德向背、王相吉辰哉？其不拔者，豈不曰城堅、池深、糧多、人一哉？復以往事驗之，秦累世戰勝，竟滅六國，豈天道二百年間常在乾方，福德常居鶉首？豈不曰穆公已還，卑身趨士，務耕戰，明法令而致之乎？故梁惠王問尉繚子曰：「黄帝有刑德，可以百戰百勝，其有之乎？」尉繚子曰：「不然。黄帝所謂刑德者，刑以伐之，德以守之，非世之所謂刑德也。」夫舉賢用能者，不時日而利；明法審令者，不卜筮而吉；貴功養勞者，不禱祠而福。周武王伐紂，師次于氾水共頭山，風雨疾雷，鼓旗毁折，王之驂乘惶懼欲死。太公曰：「夫用兵者，順天道未必吉，逆之未必凶。若失人事，則三軍敗亡。且天道鬼神，視之不見，聽之不聞，故智者不法，愚者拘之。若乃好賢而任能，舉事而得時，此則不看時日而事利，不假卜筮而事吉，不待禱祠而福從。」遂命驅之前進。周公曰：「今時逆太歲，龜灼言凶，卜筮不吉。星凶爲災，請還師。」太公怒曰：「今

潛夫論

卷下　卜筮

紂剖比干，囚箕子，以飛廉爲政，伐之有何不可？枯草朽骨，安可知乎？」乃焚龜折蓍，率衆先涉，武王從之，遂滅紂。宋高祖圍慕容超於廣固，將攻城，諸將咸諫曰：「今往亡之日，兵家所忌。」高祖曰：「我往彼亡，吉孰大焉！」乃命悉登，遂克廣固。後魏太祖武帝討後燕慕容麟，甲子晦日進軍。太史令鼂崇奏曰：「昔紂以甲子日亡。」帝曰：「周武豈不以甲子日勝乎？」崇無以對。遂戰，破之。後魏太武帝征夏赫連昌於統萬城，師次城下，昌鼓譟而前。會有風雨從賊後來，太史進曰：「天不助人，將士飢渴，願且避之。」崔浩曰：「千里制勝一日，豈得變易？風道在人，豈有常也？」帝從之。昌軍大敗。或曰：「如此者，陰陽向背定不足信，孫子敘之何也？」答曰：「夫暴君昏主，或爲一珓一馬，則必殘人逞志，非以天道鬼神，誰能制止？故孫子敘之，蓋有深旨。」寒暑、時氣，節制其行止也。周瑜爲孫權數曹公四敗，一曰：「今盛寒，馬無藁草，驅中國士衆，遠涉江湖，不習水土，必生疾病，此用兵之忌也。」寒暑同歸於天時，故聯以敘之也。○孟氏曰：兵者，法天運也。陰陽者，剛柔盈縮也。用陰，則沉虛固静；用陽，則輕捷猛厲。後則用陰，先則用陽。陰無蔽也，陽無察也。陰陽之象無

定形，故兵法天。天有寒暑，兵有生殺。天則應殺而制物，兵則應機而制形，故曰「天」也。○賈林曰：讀「時制」爲「時氣」，謂從其善時，占其氣候之利也。○杜佑曰：謂順天行誅，因陰陽四時剛柔之制。○梅堯臣曰：兵必參天道，順氣候，以時制之，所謂制也。《司馬法》曰：「冬夏不興師，所以兼愛民也。」○王晳曰：謂陰陽，揔天道、五行、四時、風雲、氣象也，善消息之，以助軍勝。然非異人特授其訣，則末由也。若黄石授書張良，乃《太公兵法》是也。意者豈天機神密，非常人所得知耶？其諸十數家紛紜，抑未足以取審矣。寒暑，若吴起云疾風、大寒、盛夏、炎熱之類；時制，因時利害而制宜也。范蠡云「天時不作，弗爲人客」是也。○張預曰：夫陰陽者，非孤虛向背之謂也，蓋兵自有陰陽耳。范蠡曰：「後則用陰，先則用陽。盡敵陽節，盈吾陰節而奪之。」又云：「設右爲牝，益左爲牡，早晏以順天道。」李衛公解曰：「左右者，人之陰陽；早晏者，天之陰陽；奇正者，天人相變之陰陽。」此皆言兵自有陰陽、剛柔之用，非天官、日時之陰陽也。今觀《尉繚子・天官》之篇，則義最明矣。《太白陰經》亦有《天無陰陽》之篇，皆著爲卷首，欲以決世人之惑也。太公曰：「聖人欲止後世之

曹操曰：部曲、旛幟、金鼓之制也。官者，百官之分也。道者，糧路也。主者，主軍費用也。○李筌曰：曲，部曲也。制，節度也。官，爵賞也。道，路也。主，掌也。用者，軍資用也。皆師之常法，而將所治也。○杜牧曰：曲者，部曲隊伍有分畫也。制者，金鼓旌旗有節制也。官者，偏裨校列各有官司也。道者，營陳開闔各有道徑也。主者，管庫廝養職守主張其事也。用者，車馬器械三軍須用之物也。荀卿曰：「械用有數。」夫兵者，以食爲本，須先計糧道，然後興師。○梅堯臣曰：曲制，部曲隊伍分畫必有制也。官道，裨校首長統率必有道也。主用，主軍之資糧百物必有用度也。○王晳曰：曲者，卒伍之屬。制者，節制其行列進退也。官者，群吏偏裨也。道者，軍行及所舍也。主者，主守其事。用者，凡軍之用，謂輜重糧積之屬。○張預曰：曲，部曲也。制，節制也。官，謂分偏裨之任。道，謂利糧餉之路。主者，職掌軍資之人。用者，計度費用之物。六者用兵之要，宜處置有其法。

凡此五者，將莫不聞，知之者勝，不知者不勝。

張預曰：已上五事，人人同聞，但深曉變極之理則勝，不然則敗。

故校之以計，而索其情，

曹操曰：同聞五者，將知其變極，即勝也。索其情者，勝負之情。○杜牧曰：謂上五事，將欲聞知，校量計筭彼我之優劣，然後搜索其情狀，乃能必勝，不爾則敗。○賈林曰：《書》云：「非知之艱，行之惟難。」○王晳曰：當盡知也。言雖周知五事，待七計以盡其情也。○張預曰：上已陳五事，自此而下，方考校彼我之得失，探索勝負之情狀也。

曰：主孰有道？

曹操曰：道德智能。○李筌曰：孰，實也。有道之主必有智能之將。范增辭楚，陳平歸漢，即其義也。○杜牧曰：孰，誰也。言我與敵人之主誰能遠佞親賢，任人不疑也。○杜佑曰：主，君也；道，道德也。必先考校兩國之君誰知誰否也。若荀息料虞公貪而好寶，宮之奇懦而不能强諫是也。○梅堯臣曰：誰能得人心也。○王晳曰：若韓信言項王匹夫之勇、婦人之仁，名雖爲霸，實失天下心；謂漢王入武關，秋毫無所害，除秦苛法，秦民亡不欲大王王秦者是也。○何氏曰：《書》曰：「撫我則后，虐我則讎。」撫虐之政，孰有之也。○張預曰：

先校二國之君誰有恩信之道，即上所謂「令民與上同意」者之道也。若淮陰料項王仁勇過高祖而不賞有功，爲婦人之仁，亦是也。

將孰有能？

杜牧曰：將孰有能者，上所謂智、信、仁、勇、嚴也。○梅堯臣同杜牧註。○王晳曰：若漢王問魏大將柏直，曰「是口尚乳臭，不能當韓信」之類是也。○張預曰：察彼我之將，誰有智、信、仁、勇、嚴之能，若漢高祖料魏將柏直不能當韓信之類也。

天地孰得？

曹操、李筌並曰：天時、地利。○杜牧曰：天者，上所謂陰陽、寒暑、時制也；地者，上所謂遠近、險易、廣狹、死生也。○杜佑曰：視兩軍所據，知誰得天時、地利。○梅堯臣曰：稽合天時，審察地利。○王晳同杜牧註。○張預曰：觀兩軍所舉，誰得天時、地利，若魏武帝盛冬伐吴，慕容超不據大峴，則失天時、地利者也。

法令孰行？

曹操曰：設而不犯，犯而必誅。○杜牧曰：縣法設禁，貴賤如一，魏絳戮僕、曹公斷髮是也。○杜佑曰：發號出令，校孰下不敢犯。○梅堯臣曰：齊衆以法，一衆以令。○王晳曰：孰能法明令便，人聽而從？○張預曰：魏絳戮揚干，穰苴斬莊賈，吕蒙誅鄉人，卧龍刑馬謖，兹所謂「設而不犯，犯而必誅」，誰爲如此？○

兵衆孰強？

杜牧曰：上下和同，勇於戰爲強，卒衆車多爲強。○梅堯臣曰：内和外附。○王晳曰：強弱足以相刑而知。○張預曰：車堅、馬良、士勇、兵利，聞鼓而喜，聞金而怒，誰者爲然？

士卒孰練？

杜牧曰：辨旌旗，審金鼓，明開合，知進退，閑馳逐，便弓矢，習擊刺也。○杜佑曰：知誰兵器強利、士卒簡練者。故王子曰：「士不素習，當陳惶惑；將不素習，臨陳闇變。」○梅堯臣曰：車騎閑習，孰國精粗？○王晳曰：孰訓之精？○何氏曰：勇怯，強弱，豈能一槩？○張預曰：離合、聚散之法，坐作、進退之令，誰素閑習？

賞罰孰明？

杜牧曰：賞不僭，刑不濫。○杜佑曰：賞善罰惡，知誰分明者。故王子曰：「賞無度則費而無恩，罰無度則戮而無威。」○梅堯臣曰：賞有功，罰有罪。○王晳曰：孰能賞必當功，罰必稱情？○張預曰：當賞者，雖仇怨必録；當罰者，雖父子不舍。又，《司馬法》曰「賞不逾時，罰不遷列」，於誰爲明？

吾以此知勝負矣。

曹操曰：以七事計之，知勝負矣。○賈林曰：以上七事量校彼我之政，則勝敗可見。○梅堯臣曰：能索其情，則知勝負。○張預曰：七事俱優，則未戰而先勝；七事俱劣，則未戰而先敗，故勝負可預知也。

將聽吾計，用之必勝，留之；將不聽吾計，用之必敗，去之。

曹操曰：不能定計，則退而去也。○杜牧曰：若彼自備護，不從我計，形勢均等，無以相加，用戰必敗，引而去之。故《春秋傳》曰「允當則歸」也。○陳皞曰：孫武以書干闔閭曰：「聽用吾計策，必能勝敵，我當留之不去；不聽吾計策，必當負敗，我去之不留。」以此感動闔閭，庶必見用。故闔閭曰：「子之十三篇，寡人盡觀之矣。」其時闔閭行軍用師，多自爲將，故不言「主」而言「將」也。○孟氏曰：將，裨將也。聽吾計畫而勝，則留之；違吾計畫而敗，則除去之。○梅堯臣曰：武以十三篇干吴王闔閭，故首篇以此辭動之，謂：王將聽我計，而用戰必勝，我當留此也；王將不聽我計，而用戰必敗，我當去此也。○王晳曰：將，行也；用，謂用兵耳。言行聽吾此計，用兵則必勝，我當留；行不聽吾此計，用兵則必敗，我當去也。○張預曰：將，辭也。孫子謂：今將聽吾所陳之計，而用兵則必勝，我乃留此矣；將不聽吾所陳之計，而用兵則必敗，我乃去之他國矣。以此辭激吴王而求用。

計利以聽，乃爲之勢，以佐其外。

曹操曰：常法之外也。○李筌曰：計利既定，乃乘形勢之（勢）〔變〕也，佐其外者，常法之外也。○杜牧曰：計筭利害，是軍事根本。利害已見聽用，然後於常法之外，更求兵勢，以助佐其事也。○賈林曰：計其利，聽其謀，得敵之情，我乃設奇譎之勢以動之。外者，或傍攻，或

後躡，以佐正陳。○梅堯臣曰：定計於内，爲勢於外，以助成勝。○王晳曰：吾計之利已聽，復當知應變，以佐其外。○張預曰：孫子又謂：吾所計之利若已聽從，則我當復爲兵勢，以佐助其事於外。蓋兵之常法，即可明言於人；兵之利勢，須因敵而爲。

勢者，因利而制權也。

曹操曰：制由權也，權因事制也。○李筌曰：謀因事勢。○杜牧曰：自此便言常法之外勢，夫勢者，不可先見，或因敵之害見我之利，或因敵之利見我之害，然後始可制機權而取勝也。○梅堯臣曰：因利行權以制之。○王晳曰：勢者，乘其變者也。○張預曰：所謂勢者，須因事之利，制爲權謀，以勝敵耳，故不能先言也。自此而後，略言權變。

兵者，詭道也。

曹操曰：兵無常形，以詭詐爲道。○李筌曰：軍不厭詐。○梅堯臣曰：非譎不可以行權，非權不可以制敵。○王晳曰：詭者，所以求勝敵。御衆必以信也。○張預曰：用兵雖本於仁義，然其取勝必在詭詐。故曳柴揚塵，欒枝之譎也；萬弩齊發，孫臏之奇也；千牛俱奔，田單

之權也；囊沙壅水，淮陰之詐也，此皆用詭道而制勝也。

故能而示之不能，

張預曰：實强而示之弱，實勇而示之怯，李牧敗匈奴、孫臏斬龐涓之類也。

用而示之不用，

李筌曰：言己實用師，外示之怯也。漢將陳豨反，連兵匈奴。高祖遣使十輩視之，皆言可擊。復遣婁敬，報曰：「匈奴不可擊。」上問其故。對曰：「夫兩國相制，宜矜誇其長。今臣往，徒見羸老。此必能而示之不能，臣以爲不可擊也。」高祖怒曰：「齊虜以口舌得官，今妄沮吾衆！」械婁敬于廣武，以三十萬衆至白登。高祖爲匈奴所圍，七日乏食。此師外示之以怯之義也。○杜牧曰：此乃詭詐藏形。夫形也者，不可使見於敵；敵人見形，必有應。《傳》曰：「鷙鳥將擊，必藏其形。」如匈奴示羸老於漢使之義也。○杜佑曰：言己實能、用，外示之以不能、不用，使敵不我備也，若孫臏減竈而制龐涓。○王晳曰：强示弱，勇示怯，治示亂，實示虛，智示愚，衆示寡，進示退，速示遲，取示捨，彼示此。○何氏曰：能而示之不能者，如單于

羸師誘高祖，圍於平城是也；用而示之不用者，如李牧按兵於雲中，大敗匈奴是也。○張預曰：欲戰而示之退，欲速而示之緩，班超擊莎車、趙奢破秦軍之類也。

近而示之遠，遠而示之近。

李筌曰：令敵失備也。漢將韓信虜魏王豹，初陳舟欲渡臨晉，乃潛師浮木罌，從夏陽襲安邑，而魏失備也。耿弇之征張步，亦先攻臨淄，皆示遠勢也。○杜牧曰：欲近襲敵，必示以遠去之形；欲遠襲敵，必示以近進之形。韓信盛兵臨晉而渡於夏陽，此乃示以近形而遠襲敵也。後漢末，曹公、袁紹相持官渡，紹遣將郭圖、淳于瓊、顏良等攻東郡太守劉延於白馬。紹引兵至黎陽，將渡河。曹公北救延津，荀攸曰：「今兵少不敵，分兵勢乃可。公致兵延津將欲渡，兵向其後，紹必西應之；然後輕兵襲白馬，掩其不備，顏良可擒也。」公從之。紹聞兵渡，即留，分兵西應之。公乃引軍行趨白馬。未至十餘里，良大驚，來戰。使張遼、關羽前進擊破，斬顏良，解白馬圍。此乃示以遠形而近襲敵也。○賈林曰：去就在我，敵何由知？○杜佑曰：欲近而設其遠也，欲遠而設其近也。誑耀敵軍，示之以遠，本從其近，若韓信之襲安邑。

○梅堯臣曰：使其不能賾。○王晳同上註。○何氏曰：遠而示之近者，韓信陳舟臨晉而渡夏陽是也；近而示之遠者，晉侯伐虢，假道于虞是也。○張預曰：欲近襲之，反示以遠。吳與越夾水相距，越爲左右句卒，相去各五里，夜爭鳴鼓而進，吳人分以禦之；越乃潛涉，當吳中軍而襲之，吳大敗是也。欲遠攻之，反示以近。韓信陳兵臨晉而渡於夏陽是也。

利而誘之，

杜牧曰：趙將李牧大縱畜牧，人衆滿野。匈奴小入，佯北不勝，以數千人委之。單于聞之大喜，率衆大至。牧多爲奇陳，左右夾擊，大破殺匈奴十餘萬騎也。○賈林曰：以利動之，動而有形，我所以因形制勝也。○梅堯臣曰：彼貪利，則以貨誘之。○何氏曰：利而誘之者，如赤眉委輜重而餌鄧禹是也。○張預曰：示以小利，誘而克之。若楚人伐絞，莫敖曰：「絞小而輕，請無扞采樵者以誘之。」於是絞人獲楚三十人。明日，絞人爭出，驅楚役徒於山中，楚人設伏兵於山下，而大敗之是也。

亂而取之，

李筌曰：敵貪利，必亂也。秦王姚興征禿髮傉檀，悉驅部内牛羊，散放於野，縱秦人虜掠。秦人得利，既無行列，傉檀陰分十將，掩而擊之，大敗秦人，斬首七千餘級，「亂而取之」之義也。○杜牧曰：敵有昏亂，可以乘而取之。《傳》曰：「兼弱攻昧，取亂侮亡，武之善經也。」○賈林曰：我令姦智亂之，候亂而取之也。○梅堯臣曰：彼亂，則乘而取之。○王晳曰：亂，謂無節制；取，言易也。○張預曰：詐爲紛亂，誘而取之，若吴越相攻，吴以罪人三千，示不整以誘越。罪人或奔或止，越人争之，爲吴所敗是也。言敵亂而後取者非也。《春秋》之法，凡書「取」者，言易也，魯師取邿是也。

實而備之，

曹操曰：敵治實，須備之也。○李筌曰：備敵之實。蜀將關羽欲圍魏之樊城，懼吴將吕蒙襲其後，乃多留備兵守荆州。蒙陰知其旨，遂詐之以疾。羽乃撤去備兵，遂爲蒙所取，而荆州没吴，則其義也。○杜牧曰：對壘相持，不論虚實，常須爲備。此言居常無事，鄰封接境，敵若修政治實，上下相愛，賞罰明信，士卒精練，即須備之，不待交兵然後爲備也。○陳皥曰：敵若不動完實，我當謹備，亦自實以備敵也。○梅堯臣曰：彼實，則不可不備。○王晳曰：彼將有以擊吾之不備也。○何氏曰：彼敵但見其實，而未見其虚之形，則當蓄力而備之也。○張預曰：《經》曰：「角之而知有餘不足之處。」有餘，則實也；不足，則虚也。言敵人兵勢既實，則我當爲不可勝之計以待之，勿輕舉也。李靖《軍鏡》曰：「觀其虚則進，見其實則止。」

強而避之，

曹操曰：避其所長也。○李筌曰：量力也。楚子伐隨，隨之臣季梁曰：「楚人上左，君必左，無與王遇；且攻其右，右無良焉，必敗。偏敗，衆乃攜矣。」少師曰：「不當王，非敵也。」不從。隨師敗績，隨侯逸。攻強之敗也。○杜牧曰：逃避所長。言敵人乘兵強氣鋭，則當須且回避之，待其衰懈，候其間隙而擊之。晉末，嶺南賊盧循、徐道覆乘虚襲建鄴，劉裕禦之，曰：「賊若新亭直上，且當避之；回泊蔡洲，乃成擒耳。」徐道覆欲焚舟直上，循以爲不可，乃泊於蔡洲，竟以敗滅。○賈林曰：以弱制强，理須待變。○杜佑曰：彼府庫充實，士卒鋭盛，

則當退避以伺其虛懈，觀變而應之。○梅堯臣曰：彼強，則我當避其鋭。○王晳曰：敵兵精鋭，我勢寡弱，則須退避。○張預曰：《經》曰「無邀正正之旗，無擊堂堂之陳」，言敵人行陳修整，節制嚴明，則我當避之，不可輕肆也。若秦晉相攻，交綏而退，蓋各防其失敗也。

怒而撓之，

曹操曰：待其衰懈也。○李筌曰：將之多怒者，權必易亂，性不堅也。漢相陳平謀撓楚權，以太牢具進楚使，驚曰：「是亞父使邪？乃項王使邪！」此怒撓之者也。○杜牧曰：大將剛戾者，可激之令怒，則逞志快意，志氣撓亂，不顧本謀也。○孟氏曰：敵人盛怒，當屈撓之。○梅堯臣曰：彼褊急易怒，則撓之，使憤激輕戰。○王晳曰：敵持重，則激怒以撓之。○何氏曰：怒而撓之者，漢兵擊曹咎於汜水是也。○張預曰：彼性剛忿，則辱之令怒，志氣撓惑，則不謀而輕進，若晉人執宛春以怒楚是也。尉繚子曰：「寬不可激而怒。」言性寬者，則不可激怒而致之也。

卑而驕之，

李筌曰：幣重而言甘，其志不小。後趙石勒稱臣於王浚，左右欲擊之，浚曰：石公來，欲奉我耳。敢言擊者斬！」設饗禮以待之。勒乃驅牛羊數萬頭，聲言上禮，實以填諸街巷，使浚兵不得發。乃入薊城，擒浚於廳，斬之而并燕。卑而驕之，則其義也。○杜牧曰：秦末，匈奴冒頓初立，東胡強，使使謂冒頓曰：「欲得頭曼時千里馬。」冒頓以問群臣，群臣皆曰：「千里馬，國之寶，勿與。」冒頓曰：「奈何與人鄰國，愛一馬乎？」遂與之。居頃之，東胡使使來，曰：「願得單于一閼氏。」冒頓問群臣，皆怒曰：「東胡無道，乃求閼氏，請擊之。」冒頓曰：「與人鄰國，愛一女子乎？」與之。居頃之，東胡復曰：「匈奴有棄地千里，吾欲有之。」冒頓問群臣，群臣皆曰：「與之亦可，不與亦可。」冒頓大怒曰：「地者，國之本也，本何可與？」諸言與者皆斬之。冒頓上馬，令國中有後者斬，東襲東胡。東胡輕冒頓，不爲之備，冒頓擊滅之。冒頓遂西擊月氏，南并樓煩、白羊、河南，北侵燕、代，悉復收秦所使蒙恬所奪匈奴地也。○陳皞曰：所欲必無所顧恡，子女以惑其心，玉帛以驕其志，范蠡、鄭武之謀也。○杜佑曰：彼其舉國興師，怒而欲進，則當外示屈撓，以高其志，俟惰歸，要而擊之。故王子曰：「善用法者，

如狸之與鼠，力之與智，示之猶卑，靜而下之。」○梅堯臣曰：示以卑弱，以驕其心。○王晳曰：示卑弱以驕之，彼不虞我，而擊其間。○張預曰：或卑辭厚賂，或羸師佯北，皆所以令其驕怠。吳子伐齊，越子率衆而朝，王及列士皆有賂。吳人皆喜，惟子胥懼，曰：「是豢吳也！」後果爲越所滅。楚伐庸，七遇皆北。庸人曰：「楚不足與戰矣！」遂不設備。楚子乃爲二隊以伐之，遂滅庸。皆其義也。

佚而勞之，

一本作「引而勞之」。○曹操曰：以利勞之。○李筌曰：敵佚而我勞之者，善功也。吳伐楚，公子光問計於伍子胥，子胥曰：「可爲三師以肄焉。我一師至，彼必盡衆而出；彼出，我歸，亟肄以疲之，多方以誤之，然後三師以繼之，必大克。」從之。楚於是乎始病吳矣。○杜牧曰：吳公子光問伐楚於伍員，員曰：「可爲三軍以肄焉。我一師至，彼必盡出；彼出，則歸，亟肄以疲之，多方以誤之，然後三師以繼之，必大克。」從之。於是子重一歲七奔命，於是乎始病吳，終入郢。後漢末，曹公既破劉備，備奔袁紹，引兵欲與曹公戰。別駕田豐曰：「操

善用兵，未可輕舉，不如以久持之。將軍據山河之固，有四州之地，外結英豪，內修農戰，然後揀其精鋭，分爲奇兵，乘虛迭出，以擾河南，救右則擊其左，救左則擊其右，使敵疲於奔命，人不安業，我未勞而彼已困矣。不及三年，可坐克也。今釋廟勝之策，而決成敗於一戰，悔無及也。」紹不從，故敗。○梅堯臣曰：以我之佚待彼之勞。○王晳曰：多奇兵也。彼出則歸，彼歸則出，救左則右，救右則左，所以罷勞之也。○何氏曰：孫子有治力之法，以佚而待勞。故論敵佚，我宜多方以勞弊之，然後可以制勝。○張預曰：我則力全，彼則道敝。若晉楚爭鄭，久而不決，晉知武子乃分四軍爲三部，晉各一動，而楚三來，於是三駕，而楚不能與之爭。又，申公巫臣教吳伐楚，於是子重一歲七奔命是也。

親而離之。

曹操曰：以間離之。○李筌曰：破其行約，間其君臣，而後攻也。昔秦伐趙，秦相應侯間於趙王曰：「我惟懼趙用括耳，廉頗易與也。」趙王然之，乃用括代頗，爲秦所坑卒四十萬於長平，則其義也。○杜牧曰：言敵若上下相親，則當以厚利啗而離間之。陳平言於漢王曰：

「今項王骨鯁之臣不過亞父、鍾離眛、龍且、周殷之屬，不過數人。大王誠能捐數萬斤金，間其君臣，彼必內相誅，漢因舉兵而攻之，滅楚必矣。」漢王然之，出黄金四萬斤與平，使之反間。項王果疑亞父，不急擊下滎陽，漢王遁去。○陳皞曰：彼恡爵禄，此必捐之；彼嗇財貨，此必輕之；彼好殺罰，此必緩之。因其上下相猜，得行離間之説，由余所以歸秦，英布所以佐漢也。○杜佑曰：以利誘之，使五間並入，辯士馳説，親彼君臣，分離其形勢，若秦遣反間欺誑趙君，使廢廉頗而任趙奢之子，卒有長平之敗。○梅堯臣同杜牧注。○王晳曰：敵相親，當以計謀離間之。○張預曰：或間其君臣，或間其交援，使相離貳，然後圖之。應侯間趙而退廉頗，陳平間楚而逐范增，是君臣相離也。秦晉相合以伐鄭，燭之武夜出，説秦伯曰：「今得鄭，則歸於晉，無益於秦也。不如捨鄭以爲東道主。」秦伯悟而退師，是交援相離也。

攻其無備，出其不意。

曹操曰：擊其懈怠，出其空虚。○李筌曰：擊懈怠，襲空虚。○杜牧曰：擊其空虚，襲其懈怠。○孟氏曰：擊其空虚，襲其懈怠，使敵不知所以備也，故曰兵者無形爲妙。太公曰：「動莫神於不意，謀莫善於不識。」○梅堯臣、王晳二註同上。○何氏曰：攻其無備者，魏太祖征烏桓，郭嘉曰：「胡恃其遠，必不設備；因其無備，卒然擊之，可破滅也。」太祖行至易水，嘉曰：「兵貴神速，今千里襲人，輜重多，難以趨利，不如輕兵兼道以出，掩其不意。」乃密出盧龍塞，直指單于庭，合戰，大破之。唐李靖陳十策以圖蕭銑，摠管三軍之任，一以委靖。八月，集兵夔州。銑以時屬秋潦，江水泛漲，三峽路危，必謂靖不能進，遂不設備。九月，靖率兵而進，曰：「兵貴神速，機不可失。今兵始集，銑尚未知，乘水漲之勢，倏忽至城下，所謂疾雷不及掩耳。縱使知我，倉卒無以應敵，此必成擒也。」進兵至夷陵，銑始懼，召兵江南，果不能至。勒兵圍城，銑遂降。出其不意者，魏末，遣將鍾會、鄧艾伐蜀，蜀將姜維守劍閣，鍾會攻維，未克。艾上言：「請從陰平由邪徑出劍閣，西入成都。奇兵衝其腹心，劍閣之軍必還赴涪，則會方軌而進；劍閣之軍不還，則應涪之兵寡矣。《軍志》云：攻其無備，出其不意。今掩其空虚，破之必矣。」冬十月，艾自陰平行無人之地七百餘里，鑿山通道，造作橋閣，山高谷深，至爲艱險。又糧運將匱，瀕於危殆。艾以氊自裹，推轉而下。將士皆攀木緣崖，魚貫而

進。先登至江油，蜀守將馬邈降。諸葛瞻自涪還綿（行）〔竹〕，列陳相拒，大敗之，斬瞻及尚書張遵等。進軍至成都，蜀主劉禪降。又，齊神武爲東魏將，率兵伐西魏，屯軍蒲坂，造三道浮橋渡河，又遣其將竇泰趣潼關，高敖曹圍洛州。西魏將周文帝出軍廣陽，召諸將，謂曰：「賊今掎吾三面，又造橋於河，示欲必渡，欲綴吾軍，使竇泰得西入耳。久與相持，其計得行，非良策也。且高歡用兵，常以泰爲先驅，其下多鋭卒，屢勝而驕。今出其不意，襲之必克。克泰，則歡不戰而自走矣。」諸將咸曰：「賊在近，捨而遠襲，事若蹉跌，悔無可及。」周文曰：「歡前再襲潼關，吾軍不過霸上。今者大來，兵未出郊，賊顧謂吾但自守耳，無遠鬬意；又狃於得志，有輕我心。乘此擊之，何往不克！賊雖造橋，未能徑渡。比五日中，吾取竇泰必矣。公等勿疑。」周文遂率騎六千還長安，聲言欲往隴右。辛亥，潛出軍。癸丑晨，至潼關。竇泰卒聞軍至，惶懼依山爲陳，未及成列，周文擊破之，斬泰，傳首長安。高敖曹適陷洛州，聞泰没，燒輜重，棄城而走。○張預曰：攻無備者，謂懈怠之處，敵之所不虞者，則擊之，若燕人畏鄭三軍，而不虞制人，爲制人所敗是也。出不意者，謂虚空之地，敵不以爲慮者，則襲之，若鄧艾伐蜀，行無人之地七百餘里是也。

此兵家之勝，不可先傳也。

曹操曰：傳，猶洩也。兵無常勢，水無常形，臨敵變化，不可先傳也。故料敵在心，察機在目也。○李筌曰：無備、不意，攻之必勝，此兵之要，祕而不傳也。○杜牧曰：傳，言也。此言上之所陳，悉用兵取勝之策，固非一定之制，見敵之形，始可施爲，不可先事而言也。○梅堯臣曰：臨敵應變制宜，豈可預前言之？○王晳曰：夫校計、行兵，是謂常法；若乘機決勝，則不可預傳述也。○張預曰：言上所陳之事，乃兵家之勝策，須臨敵制宜，不可以預先傳言也。

夫未戰而廟筭勝者，得筭多也；未戰而廟筭不勝者，得筭少也。多筭勝，少筭不勝，而況於無筭乎？吾以此觀之，勝負見矣。

曹操曰：以吾道觀之矣。○李筌曰：夫戰者，決勝廟堂，然後與人争利。凡伐叛懷遠，推亡固存，兼弱攻昧，皆物情之所出。中外離心，如商周之師者，是爲未戰而廟筭勝。《太一遁甲》置筭之法，因六十筭已上爲多筭，六十筭已下爲少筭。客多筭臨少筭，主人敗；客少筭臨多

筭，主人勝。此皆勝敗易見矣。〇杜牧曰：廟筭者，計筭於廟堂之上也。〇梅堯臣曰：多筭，故未戰而廟謀先勝；少筭，故未戰而廟謀不勝，是不可無筭矣。〇王皙曰：此懼學者惑不可先傳之説，故復言《計篇》義也。〇何氏曰：計有巧拙，成敗繫焉。〇張預曰：古者興師命將，必致齋於廟，授以成筭，然後遣之，故謂之「廟筭」。籌策深遠，則其計所得者多，故未戰而先勝。謀慮淺近，則其計所得者少，故未戰而先負。多計勝少計，其無計者，安得無敗？故曰勝兵先勝而後求戰，敗兵先戰而後求勝。有計無計，勝負易見。

作戰篇

曹操曰：欲戰，必先筭其費，務因糧於敵也。〇李筌曰：先定計，然後修戰具，是以《戰》次《計》之篇也。〇王皙曰：計以知勝，然後興戰，而具軍費，猶不可以久也。〇張預曰：計筭已定，然後完車馬，利器械，運糧草，約費用，以作戰備，故次《計》。

孫子曰：凡用兵之法，馳車千駟，革車千乘，帶甲十萬，

曹操曰：馳車，輕車也，駕駟馬；革車，重車也，言萬騎之重。車駕四馬，率三萬軍，養二人，主炊，家子一人，主保固守衣裝，廄二人，主養馬，凡五人。步兵十人，重以大車駕牛。養二人，主炊，家子一人，主守衣裝，凡三人也。帶甲十萬，士卒數也。〇李筌曰：馳車，戰車也；革車，輕車也；帶甲，步卒。車一兩，駕以駟馬，步卒七十人，計千駟之軍，帶甲七萬，馬四千匹。孫子約以軍資之數，以十萬爲率，則百萬可知也。〇杜牧曰：輕車，乃戰車也。古者車戰，革車、輜車，重車也，載器械、財貨、衣裝也。《司馬法》曰：「一車，甲士三人，步卒七十二人，炊家子十人，固守衣裝五人，廄養五人，樵汲五人，輕車七十五人，重車二十五人。」故二乘兼一百人爲一隊，舉十萬之衆，革車千乘，校其費用支計，則百萬之衆皆可知也。〇梅堯臣曰：馳車，輕車也；革車，重車也。凡輕車一乘，甲士、步卒二十五人；重車一乘，甲士、步卒七十五人。舉二車各千乘，是帶甲者十萬人。〇王皙曰：曹公曰：「輕車也，駕駟馬，凡千乘。」皙謂馳車，謂駕革車也。一乘四馬爲駟，千駟則革車千乘。曹公曰：「重車也。」皙謂革車，兵車也。有五戎千乘之賦，諸侯之大者。曹公曰：「帶甲十萬，步卒數也。」皙謂井田之法，甸出兵車一乘，甲士三人，步卒七十二人，千乘揔七萬五千人。此言帶甲十萬，豈

當時權制歟？○何氏曰：十萬，舉成數也。○張預曰：馳車，即攻車也。革車，即守車也。按曹公《新書》云：攻車一乘，前拒一隊，左右角二隊，共七十五人。守車一乘，炊子十人，守裝五人，廄養五人，樵汲五人，共二十五人。攻守二乘，凡一百人。興師十萬，則用車二千，輕重各半，與此同矣。

千里饋糧，

曹操曰：越境千里。○李筌曰：道理縣遠。

則內外之費，賓客之用，膠漆之材，車甲之奉，日費千金，然後十萬之師舉矣。

曹操曰：謂購賞猶在外。○李筌曰：夫軍出於外，則帑藏竭於內。舉千金者，言多費也。千里之外贏糧，則二十人奉一人也。○杜牧曰：軍有諸侯交聘之禮，故曰「賓客」也。車甲器械完緝修繕，言膠漆者，舉其微細。千金者，言費用多也，猶贈賞在外也。○賈林曰：計費不足，未可以興師動衆。故李太尉曰：「三軍之門，必有賓客論議。」○梅堯臣曰：舉師十萬，饋糧千里，日費如此，師久之戒也。○王晳曰：內，謂國中。外，謂軍所也。賓客，若諸侯之

使及軍中宴饗吏士也。膠漆、車甲，舉細與大也。○何氏曰：老師費財，智者慮之。○張預曰：去國千里，即當因糧；若須供餉，則內外騷動，疲困於路，蠹耗無極也。賓客者，使命與遊士也。膠漆者，修飾器械之物也。車甲者，膏轄金革之類也。約其所費，日用千金，然後能興十萬之師。千金，言重費也，購賞猶在外。

其用戰也勝久，則鈍兵挫鋭，攻城則力屈，

曹操曰：鈍，弊也。屈，盡也。○杜牧曰：勝久，謂淹久而後能勝也。言與敵相持，久而後勝，則甲兵鈍弊，鋭氣挫衄，攻城則人力殫盡屈折也。○賈林曰：戰雖勝人，久則無利。兵貴全勝，鈍兵挫鋭，士傷馬疲，則屈。○梅堯臣曰：雖勝且久，則必兵仗鈍弊，而軍氣挫鋭；攻城而久，則力必殫屈。○王晳曰：屈，窮也。求勝以久，則鈍弊折挫，攻城則益甚也。○張預曰：及交兵合戰也，久而後能勝，則兵疲氣沮矣。千里攻城，力必困屈。

久暴師則國用不足。

孟氏曰：久暴師露衆千里之外，則軍國費用不足相供。○梅堯臣曰：師久暴於外，則輸用不

給。〇張預曰：日費千金，師久暴，則國用豈能給？若漢武帝窮征深討，久而不解，及其國用空虛，乃下哀痛之詔是也。

夫鈍兵挫鋭，屈力殫貨，則諸侯乘其弊而起，雖有智者，不能善其後矣。

李筌曰：十萬衆舉，日費千金，非唯頓挫於外，亦財殫於内，是以聖人無暴師也。隋大業初，煬帝重兵好征，力屈鴈門之下，兵挫遼水之上，疏河引淮，轉輸彌廣，出師萬里，國用不足，於是楊玄感、李密乘其弊而起，縱蘇威、高熲，豈能爲之謀也？〇杜牧曰：蓋以師久不勝，財力俱困，諸侯乘之而起，雖有智能之士，亦不能於此之後，善爲謀畫也。〇賈林曰：人離財竭，雖伊、吕復生，亦不能救此亡敗也。〇杜佑曰：雖當時有用兵之術，不能防其後患。〇梅堯臣曰：取勝攻城，暴師且久，則諸侯乘此弊而起襲我；我雖有智將，不能制也。〇王晳曰：以其弊甚，必有危亡之憂。〇何氏曰：其後，謂兵不勝而敵乘其危殆，雖智者不能盡其善計而保全。〇張預曰：兵已疲矣，力已困矣，財已匱矣，鄰國因其罷弊，起兵以襲之，則縱有智能之人，亦不能防其後患。若吴伐楚入郢，久而不歸，越兵遂入吴。當是時，雖有伍員、孫武之徒，何嘗能爲善謀於後乎？

故兵聞拙速，未睹巧之久也。

曹操、李筌曰：雖拙，有以速勝。未睹者，言其無也。〇杜牧曰：攻取之間，雖拙於機智，然以神速爲上，蓋無老師、費財、鈍兵之患，則爲巧矣。〇孟氏曰：雖拙，有以速勝。〇陳皞曰：所謂疾雷不及掩耳，卒電不及瞬目。〇杜佑註同孟氏。〇梅堯臣曰：拙尚以速勝，未見工而久可也。〇王晳曰：晳謂久則師老財費，國虚人困，巧者保無斯患也。〇何氏曰：速雖拙，不費財力也。久雖巧，恐生後患也。後秦姚萇與苻登相持，萇將苟曜據逆萬堡，密引苻登。萇與登戰，敗於馬頭原，收衆復戰。姚碩德謂諸將曰：「上慎於輕戰，每欲以計取之，今戰既失利，而更逼賊，必有由也。」萇聞而謂碩德曰：「登用兵遲緩，不識虚實，今輕兵直進，徑據吾東，必苟曜與之連結也。事久變成，其禍難測。所以速戰者，欲使苟曜竪子謀之未就、好之未深耳。」果大敗之。武后初，徐敬業舉兵於江都，稱匡復皇家。以盩厔尉魏思恭爲謀主，問計於思恭。對曰：「明公既以太后幽縶少主，志在匡復，兵貴拙速，宜早渡淮北，親率

大衆，直入東都。山東將士知公有勤王之舉，必以死從，此則指日刻期，天下必定。」敬業欲從其策，薛璋又說曰：「金陵之地，王氣已見，宜早應之。兼有大江設險，足可以自固，請且攻取常、潤等州，以爲王霸之業，然後率兵北上，鼓行而前，此則退有所歸，進無不利，實良策也。」敬業以爲然，乃自率兵四千人，南渡以擊潤州。思恭密謂杜求仁曰：「兵勢宜合，不可分。今敬業不知并力渡淮，率山東之衆以合洛陽，必無能成事。」果敗。○張預曰：但能取勝，則寧拙速，而無巧久。若司馬宣王伐上庸，以一月圖一年，不計死傷，與糧競者，斯可謂欲拙速也。

夫兵久而國利者，未之有也。

李筌曰：《春秋》曰：「兵猶火也，弗戢將自焚。」○賈林曰：兵久無功，諸侯生心。○杜佑曰：兵者凶器，久則生變。若智伯圍趙，逾年不歸，卒爲襄子所擒，身死國分。故《新序傳》曰：「好戰窮武，未有不亡者也。」○梅堯臣曰：力屈貨殫，何利之有？○張預曰：師老財竭，於國何利？

故不盡知用兵之害者，則不能盡知用兵之利也。

李筌曰：利害相依之所生，先知其害，然後知其利也。○杜牧曰：害之者，勞人費財。利之者，吞敵拓境。苟不顧己之患，則舟中之人盡爲敵國，安能取利於敵人哉？○賈林曰：將驕卒惰，貪利忘變，此害最甚也。○杜佑曰：言謀國、動軍、行師不先慮危亡之禍，則不足取利也，若秦伯見襲鄭之利，不顧崤函之敗；吴王矜伐齊之功，而忘姑蘇之禍也。○梅堯臣曰：不再籍，不三載，利也。百姓虛，公家費，害也。苟不知害，又安知利？○王晳曰：久而能勝，未免於害。速，則利斯盡也。○張預曰：先知老師殫貨之害，然後能知擒敵制勝之利。

善用兵者，役不再籍，糧不三載。

曹操曰：籍，猶賦也。言初賦民而便取勝，不復歸國發兵也。始載糧，後遂因食於敵，還兵入國，不復以糧迎之也。○李筌曰：籍，書也。不再籍書，恐人勞怨生也。秦發關中之卒，是以有陳、吴之難也。軍出，度遠近饋之；軍入，載糧迎之，謂之三載。越境，則館穀於敵，無三載之義也。○杜牧曰：審敵可攻，審我可戰，然後起兵，便能勝敵而還。鄭司農《周禮註》曰：

歷年史志

卷十　外戚篇

役，謂發兵起役。籍，乃伍籍也。比參爲伍，因内政寄軍令，以伍籍發軍起役也。○陳皥曰：籍，借也，不再借民而役也。糧者，往則載焉，歸則迎之，是不三載也。不困乎兵，不竭乎國，言速而利也。○梅堯臣同陳皥註。○王皙同曹操註。○張預曰：役，謂興兵動衆之役。故師卦註曰：「任大役重，無功則凶。」籍，謂調兵之符籍。故漢制有尺籍伍符，言一舉則勝，不可再籍兵役於國也。糧始出則載之，越境則掠之，歸國則迓之，是不三載也。此言兵不可久暴也。

取用於國，因糧於敵，故軍食可足也。

曹操曰：兵甲戰具，取用國中，糧食因敵也。○李筌曰：具我戎器，因敵之食，雖出師千里，無匱乏也。○杜佑曰：兵甲戰具，取用國中，糧食因敵也。取資用於我國，因糧食於敵家也。晉師館穀於楚是也。○梅堯臣曰：軍之須用取於國，軍之糧餉因於敵。○何氏曰：因，謂兵出境，鈔聚掠野，至於克敵、拔城，得其儲積也。○張預曰：器用取於國者，以物輕而易致也。糧食因於敵者，以粟重而難運也。夫千里饋糧，則士有飢色，故因糧則食可足。

國之貧於師者遠輸，遠輸則百姓貧。

李筌曰：兵役數起而賦斂重。○杜牧曰：《管子》曰：「粟行三百里，則國無一年之積。粟行四百里，則國無二年之積。粟行五百里，則衆有飢色。」此言粟重物輕也，不可推移；推移之，則農夫耕牛俱失南畝，故百姓不得不貧也。○賈林曰：遠輸則財耗於道路，弊於轉運，百姓日貧。○孟氏曰：兵車轉運千里之外，財則費於道路，人有困窮者。○張預曰：以七十萬家之力供餉十萬之師於千里之外，則百姓不得不貧。

近於師者貴賣，貴賣則百姓財竭，

曹操曰：軍行已出界，近師者貪財，皆貴賣，則百姓虚竭也。○李筌曰：夫近軍，必有貨易，百姓徇財殫産而從之，竭也。○賈林曰：師徒所聚，物皆暴貴。人貪非常之利，竭財物以賣之，初雖獲利殊多，終當力疲貨竭。又云：既有非常之斂，故賣者求價無厭，百姓竭力買之，自然家國虚盡也。○杜佑曰：言近軍師，市多非常之賣，當時貪貴以趨末利，然後財貨殫盡，家國虚也。○梅堯臣曰：遠者供役以轉饋，近者貪利而貴賣，皆貧國匱民之道也。○王皙

曰：夫遠輸則人勞費，近市則物騰貴，是故久師則爲國患也。曹公曰：「軍行已出界，近於師者貪財，皆貴賣。」晳謂將出界也。〇張預曰：近師之民，必貪利而貴貨其物於遠來輸餉之人，則財不得不竭。

財竭則急於丘役。

張預曰：財力殫竭，則丘井之役急迫而不易供也。或曰：丘役，謂如魯成公作丘甲也。國用急迫，乃使丘出甸賦，違常制也。丘，十六井。甸，六十四井。

力屈、財殫，中原内虛於家。百姓之費，十去其七。

曹操曰：丘，十六井也。百姓財殫盡而兵不解，則運糧盡力於原野也。十去其七者，所破費也。〇李筌曰：兵久不止，男女怨曠，困於輸輓丘役，力屈財殫，而百姓之費，十去其七。〇杜牧曰：《司馬法》曰：「六尺爲步，步百爲畝，畝百爲夫，夫三爲屋，屋三爲井，四井爲邑，四邑爲丘，四丘爲甸。丘蓋十六井也。丘有戎馬一匹，牛四頭。甸有戎馬四匹，牛十六頭。丘車一乘，甲士三人，步卒七十二人。」今言兵不解，則丘役益急，百姓糧盡財竭，力盡於原野，家業十耗其七也。〇陳皥曰：丘，聚也。聚斂賦役，以應軍須，如此則財竭於人，人無不困也。〇王晳曰：急者，暴於常賦也，若魯成公作丘甲是也。如此，則民費太半矣。要見公費差減，故云十七。曹公曰：「丘，十六井。兵不解，則運糧盡力於原野。」〇何氏曰：國以民爲本，民以食爲天。居人上者，宜乎重惜。〇張預曰：運糧則力屈，輸餉則財殫。原野之民，家産内虛，度其所費，十無其七也。

公家之費，破車罷馬，甲冑矢弩，戟楯蔽櫓，丘牛大車，十去其六。

一本作「十去其七」。〇曹操曰：丘牛，謂丘邑之牛。大車，乃長轂車也。〇李筌曰：丘，大也。此數器者，皆軍之所須。言遠近之費，公家之物，十損於七也。〇梅堯臣曰：百姓以財糧力役奉軍之費，其資十損乎七。公家以牛馬器仗奉軍之費，其資十損乎六。是以竭賦窮兵，百姓弊矣，役急民貧，國家虛矣。〇王晳曰：楯，干也。蔽，可以屏蔽。櫓，大楯也。丘牛，古所謂匹馬丘牛也。大車，牛車也。《易》曰：「大車以載。」〇張預曰：兵以車馬爲本，故先言車馬。疲，敝也。蔽櫓，楯也，今謂之彭排。丘牛，大牛也。大車，必革車也。始言破

車疲馬者，謂攻戰之馳車也。次言丘牛大車者，即輜重之革車也。公家車馬器械，亦十損其六。

故智將務食於敵，食敵一鍾，當吾二十鍾；萁秆一石，當吾二十石。

曹操曰：六斛四斗爲鍾。萁，豆稭也。秆，禾藁也。石者，一百二十斤也。轉輸之法，費二十石得一石。一云：萁音忌，豆也。七十斤爲一石。當吾二十，言遠費也。○杜牧曰：六石四斗爲一鍾。一石，一百二十斤。萁，豆稭也。秆，禾藁也。或言：萁，秆藁也。秦攻匈奴，使天下運糧，起於黄腄、琅邪負海之郡，轉輸北河，率三十鍾而致一石。漢武建元中，通西南夷，作者數萬人，千里負擔饋糧，率十餘鍾致一石。今校孫子之言「食敵一鍾，當吾二十鍾」，蓋約平地千里轉輸之法，費二十石得一石，不約道里，蓋漏闕也。黄腄，音直瑞反，又音誰，在東萊。北河，即今之朔方郡。○李筌曰：遠師轉一鍾之粟，費二十鍾方可達軍。將之智也，務食於敵，以省己之費也。○孟氏曰：十斛爲鍾。計千里轉運，道路耗費，二十鍾可致一鍾於軍中矣。○梅堯臣註同曹操。○王晳曰：曹公曰：「萁，豆稭也。秆，藁也。石者，

百二十斤也。轉輸之法，費二十乃得一。」晳謂上文「千里饋糧」，則轉輸之法，謂千里耳。萁，今作「萁」。秆，故書爲「芋」，當作「秆」。○張預曰：六石四斗爲鍾。一百二十斤爲石。萁，豆稭也。秆，禾藁也。千里饋糧，則費二十鍾、石，而得一鍾、石到軍所。若越險阻，則猶不啻。故秦征匈奴，率三十鍾而致一石。此言能將必因糧於敵也。

故殺敵者，怒也；

曹操曰：威怒以致敵。○李筌曰：怒者，軍威也。○杜牧曰：萬人非能同心皆怒，在我激之以勢使然也。田單守即墨，使燕人劓降者，掘城中人墳墓之類是也。○賈林曰：人之無怒，則不肯殺。○王晳曰：兵主威怒。○何氏曰：燕圍齊之即墨，齊之降者盡劓。齊人皆怒，愈堅守。田單又縱反閒曰：「吾懼燕人掘吾城外冢墓，戮辱先人，可爲寒心。」燕軍盡掘壠墓，燒死人。即墨人從城上望見，皆泣涕，其欲出戰，怒自十倍。單知士卒可用，遂破燕師。後漢班超使西域，到鄯善，會其吏士三十六人，與共飲。酒酣，因激怒之曰：「今俱在絶域，欲立大功，以求富貴。虜使到裁數日，而王禮貌即廢。如收吾屬送匈奴，骸骨長爲豺狼食矣。」官

屬皆曰：「今在危亡之地，死生從司馬。」超曰：「不入虎穴，不得虎子。當今之計，獨有因夜以火攻虜，使彼不知我多少，必大震怖，可殄盡也。滅此虜，則功成事立矣。」衆曰：「善。」初夜，將吏士奔虜營。會天大風，超令十人持鼓，藏虜舍後，約曰：「見火燃，皆當鳴鼓大呼。」餘人悉持弓弩，夾門而伏。超順風縱火，虜衆驚亂，衆悉燒死。蜀龐統勸劉備襲益州牧劉璋，備曰：「此大事，不可倉卒。」及璋使備擊張魯，乃從璋求萬兵及資寶，欲以東行。璋但許兵四千，其餘皆給半。備因激怒其衆曰：「吾爲益州征強敵，師徒勤瘁，不遑寧居。今積帑藏之財，而悋於賞功，望士大夫爲出死力戰，其可得乎！」由是相與破璋。○張預曰：激吾士卒，使上下同怒，則敵可殺。尉繚子曰「民之所以戰者，氣也」，謂氣怒則人人自戰。

取敵之利者，貨也。

曹操曰：軍無財，士不來。軍無賞，士不往。○李筌曰：利者，益軍實也。○杜牧曰：使士見取敵之利者，貨財也。謂得敵之貨財，必以賞之，使人皆有欲，各自爲戰。後漢荆州刺史度尚，討桂州賊帥卜陽、潘鴻等，入南海，破其三屯，多獲珍寶。而鴻等黨聚猶衆，士卒驕富，

莫有鬭志。尚曰：「卜陽、潘鴻作賊十年，皆習於攻守，當須諸郡併力，可攻之。今軍恣聽射獵。」兵士喜悦，大小相與從禽。尚乃密使人潛焚其營，珍積皆盡。獵者來還，莫不泣涕。尚曰：「卜陽等財貨足富數世，諸卿但不併力耳。所亡少少，何足介意！」衆聞，咸憤踴願戰。尚令秣馬蓐食，明晨徑赴賊屯。陽、鴻不設備，吏士乘鋭，遂破之。此乃是也。○孟氏同杜牧註。○杜佑曰：人知勝敵有厚賞之利，則冒白刃、當矢石而樂以進戰者，皆貨財酬勳賞勞之誘也。○梅堯臣曰：殺敵，則激吾人以怒。取敵，則利吾人以貨。○王晳曰：謂設厚賞耳。若使衆貪利自取，則或違節制耳。○張預曰：以貨啗士，使人自爲戰，則敵利可取，故曰「重賞之下，必有勇夫」。皇朝太祖命將伐蜀，諭之曰：「所得州邑當與我，傾竭帑庫以饗士卒；國家所欲，惟土疆耳。」於是將吏死戰，所至皆下，遂平蜀。

故車戰，得車十乘已上，賞其先得者，

曹操曰：以車戰，能得敵車十乘已上，賞賜之。不言車戰得車十乘已上者賞之，而言賞得者何？言欲開示賞其所得車之卒也。陳車之法：五車爲隊，僕射一人；十車爲官，卒長一人；

車滿十乘，將吏二人。因而用之，故別言賜之，欲使將恩下及也。或曰：言使自有車十乘已上與敵戰，但取其有功者賞之，其十乘已下，雖一乘獨得，餘九乘皆賞之，所以率進勵士也。○李筌曰：重賞而勸進也。○杜牧曰：夫得車十乘已上者，蓋衆人用命之所致也。若偏賞之，則力不足。與其所獲之車，公家仍自以財貨賞其唱謀先登者，此所以勸勵士卒，故上文云：「取敵之利者，貨也。」言十乘者，舉其綱目也。○賈林曰：勸未得者，使自勉也。○梅堯臣曰：偏賞則難周，故獎一而勸百也。○王晳曰：以財賞其所先得之卒。○張預曰：車一乘，凡七十五人。以車與敵戰，吾士卒能獲敵車十乘已上者，吾士卒必不下千餘人也。以其人衆，故不能徧賞，但以厚利賞其陷陳先獲者，以勸餘衆。古人用兵，必使車奪車，騎奪騎，步奪步，故吳起與秦人戰，令三軍曰：「若車不得車，騎不得騎，徒不得徒，雖破軍，皆無功。」

而更其旌旗，

曹操曰：與吾同也。○李筌曰：（惡）〔令〕色與吾同。○賈林曰：令不識也。○張預曰：變敵之色，令與己同。

車雜而乘之，

曹操曰：不獨任也。○李筌曰：夫降虜之旌旗，必更其色而雜其事，車乃可用也。○杜牧曰：士卒自獲敵車，任雜然自乘之，官不録也。○梅堯臣曰：車許雜乘，旗無因故。○王晳曰：謂得敵車，可與我車雜用之也。○張預曰：己車與敵車參雜而用之，不可獨任也。

卒善而養之，

張預曰：所獲之卒，必以恩信撫養之，俾爲我用。

是謂勝敵而益强。

曹操曰：益己之强。○李筌曰：後漢光武破銅馬賊於南陽，虜衆數萬，各配部曲，然人心未安。光武令各歸本營，乃輕行其間以勞之。相謂曰：「蕭王推赤心置人腹中，安得不投死乎！」於是漢益振，則其義也。○杜牧曰：得敵卒也，因敵之資，益己之強。○梅堯臣曰：獲卒，則任其所長，養之以恩，必爲我用也。○王晳曰：得敵卒則養之，與吾卒同。善者，謂勿侵辱之也。若厚撫初附，或失人心。○何氏曰：因敵以勝敵，何往不強？○張預曰：勝其

敵，而獲其車與卒，既爲我用，則是增己之強。光武推赤心，人人投死之類也。

故兵貴勝，不貴久。

曹操曰：久則不利。兵猶火也，不戢將自焚也。○孟氏曰：貴速勝疾還也。○梅堯臣曰：上所言皆貴速也。速則省財用、息民力也。○何氏曰：《孫子》首尾言兵久之理，蓋知兵不可玩、武不可黷之深也。○張預曰：久則師老財竭，易以生變，故但貴其速勝疾歸。

故知兵之將，生民之司命，國家安危之主也。

曹操曰：將賢則國安也。○李筌曰：將有殺伐之權，威欲却敵，人命所繫，國家安危在於此矣。○杜牧曰：民之性命，國之安危，皆由於將也。○梅堯臣曰：此言任將之重。○王晳曰：將賢，則民保其生，而國家安矣，否則民被毒殺，而國家危矣。明君任屬，可不精乎？○何氏曰：民之性命，國之治亂，皆主於將。將之材難，古今所患也。○張預曰：民之死生，國之安危，繫乎將之賢否。

謀攻篇

曹操曰：欲攻敵，必先謀。○李筌曰：合陳爲戰，圍城曰攻，以此篇次《戰》之下。○杜牧曰：廟堂之上，計筭已定，戰爭之具，糧食之費，悉已用備，可以謀攻，故曰「謀攻」也。○王晳曰：謀攻敵之利害，當全策以取之，不鋭於伐兵、攻城也。○張預曰：計議已定，戰具已集，然後可以智謀攻，故次《作戰》。

孫子曰：凡用兵之法：全國爲上，破國次之；

曹操曰：興師深入長驅，距其城郭，絶其内外，敵舉國來服爲上。以兵擊破，敗而得之，其次也。○李筌曰：不貴殺也。韓信虜魏王豹，擒夏説，斬成安君，此爲破國者。及用廣武君計，北首燕路，遣一介之使，奉咫尺之書，燕從風而靡，則全國也。○賈林曰：全得其國，我國亦全，乃爲上。○杜佑曰：敵國來服爲上，以兵擊破爲次。○王晳曰：若韓信舉燕是也。○何氏曰：以方略氣勢令敵人以國降，上策也。○張預曰：尉繚子曰：「講武料敵，使敵氣失而師散，雖形全而不爲之用，此道勝也。破軍殺將，乘堙發機，會衆奪地，此力勝也。」然則所謂

墨文篇

諸子貝案

卷十　非攻篇

道勝、力勝者，即全國、破國之謂也。夫弔民伐罪，全勝爲上；爲不得已而至於破，則其次也。

全軍爲上，破軍次之；

曹操、杜牧曰：《司馬法》曰：「一萬（五）〔二〕千五百人爲軍。」○何氏曰：降其城邑，不破我軍也。

全旅爲上，破旅次之；

曹操曰：五百人爲旅。

全卒爲上，破卒次之；

曹操曰：一校已（上）〔下〕至一百人也。○李筌曰：百人已上爲卒。○杜佑曰：一校下至百人也。

全伍爲上，破伍次之。

曹操曰：百人已下至五人。○李筌曰：百人已下爲伍。○杜牧曰：五人爲伍。○梅堯臣曰：謀之大者，全得之。○王晳曰：國、軍、卒、伍，不（間）〔問〕小大，全之則威德爲優，破之則威德爲劣。○何氏曰：自軍至伍，皆次序上下言之。此意以策略取之爲妙，不惟一軍，至於一伍，不可不全。○張預曰：周制：萬二千五百人爲軍，五百人爲旅，百人爲卒，五人爲伍。自軍至伍，皆以不戰而勝之爲上。

是故百戰百勝，非善之善者也；

曹操曰：未戰而戰自屈，勝善也。○李筌曰：以計勝敵也。○陳皞曰：戰必殺人故也。○賈林曰：兵威遠振，全來降伏，斯爲上也。詭詐爲謀，摧破敵衆，殘人傷物，然後得之，又其次也。○杜佑曰：未戰而敵自屈服。○梅堯臣曰：惡乎殺傷殘害也。○張預曰：戰而後能勝，必多殺傷，故云非善。

不戰而屈人之兵，善之善者也。

曹操曰：未戰而敵自屈服。○杜牧曰：以計勝敵。○陳皞曰：韓信用李左車之計，馳咫尺之書，不戰而下燕城也。○孟氏曰：重廟勝也。○王晳曰：兵貴伐謀，不務戰也。○何氏曰：後漢王霸討周建、蘇茂，既戰歸營，賊復聚挑戰，霸堅卧不出。方饗士作倡樂，茂雨射營

中，中霸前酒鐏，霸安坐不動。軍吏曰：「茂已破，今易擊。」霸曰：「不然。茂客兵遠來，糧食不足，故挑戰，以徼一切之勝。今閉營休士，所謂不戰而屈人兵，善之善也。」茂乃引退。○張預曰：明賞罰，信號令，完器械，練士卒，暴其所長，使敵從風而靡，則爲大善，若吴王黄(地)〔池〕之會，晉人畏其有法而服之者是也。

故上兵伐謀，

曹操曰：敵始有謀，伐之易也。○李筌曰：伐其始謀也。後漢寇恂圍高峻，峻遣謀臣皇甫文謁恂，辭禮不屈。恂斬之，報峻曰：「軍師無禮，已斬之。欲降，急降；不欲，固守。」峻即日開壁而降。諸將曰：「敢問殺其使而降其城何也？」恂曰：「皇甫文，峻之心腹，其取謀者。留之，則文得其計；殺之，則峻亡其膽，所謂上兵伐謀。」諸將曰：「非所知也。」○杜牧曰：晉平公欲攻齊，使范昭往觀之，景公觴之。酒酣，范昭請君之鐏酌。公曰：「寡人之鐏進客。」范昭已飲，晏子徹鐏更爲酌。范昭佯醉，不悦而起舞，謂太師曰：「能爲我奏成周之樂乎？吾爲舞之。」太師曰：「瞑臣不習。」范昭趨出。景公曰：「晉，大國也，來觀吾政。今

子怒大國之使者，將奈何？」晏子曰：「觀范昭非陋於禮者，且欲慙於國，臣故不從也。」太師曰：「夫成周之樂，天子之樂也，惟人主舞之。今范昭人臣，而欲舞天子樂，臣故不爲也。」范昭歸，報晉平公曰：「齊未可伐。臣欲辱其君，晏子知之；臣欲犯其禮，太師識之。」仲尼曰：「不越鐏俎之閒，而折衝千里之外，晏子之謂也。」春秋時，秦伐晉，晉將趙盾禦之，上軍佐臾駢曰：「秦不能久，請深壘固軍以待之。」秦人欲戰，秦伯謂士會曰：「若何而戰？」對曰：「趙氏新出其屬曰臾駢，必實爲此謀，將以老我師也。趙有側室曰穿，晉君之壻也，有寵而弱，不在軍事，好勇而狂，且惡臾駢之佐上軍。若使輕者肆焉，其可。」秦軍掩晉上軍，趙穿追之不及，返，怒曰：「裹糧坐甲，固敵是求，敵至不擊，將何俟焉？」軍吏曰：「將有待也。」穿曰：「我不知謀，將獨出。」乃以其屬出。趙盾曰：「秦獲穿也，獲一卿矣。秦以勝歸，我何以報？」乃皆出戰，交綏而退。夫晏子之對，是敵人將謀伐我，我先伐其謀，故敵人不得而伐我。士會之對，是我將謀伐敵，敵人有謀拒我，乃伐其謀，敵人不得與我戰。斯二者，皆伐謀也。故敵欲謀我，伐其未形之謀；我若伐敵，敗其已成之計，固非止於一也。○孟氏曰：

九攻九拒，是其謀也。〇杜佑曰：敵方設謀，欲舉衆師，伐而抑之，是其上。故太公云「善除患者，理於未生。善勝敵者，勝於無形」也。〇梅堯臣曰：以智勝。〇王皙曰：以智謀屈人最爲上。〇何氏曰：敵始謀攻我，我先攻之，易也。揣知敵人謀之趣向，因而加兵，攻其彼心之發也。〇張預曰：敵始發謀，我從而攻之，彼必喪計而屈服，若晏子之沮范昭是也。或曰：伐謀者，用謀以伐人也，言以奇策祕筭取勝於不戰，兵之上也。

其次伐交，

曹操曰：交，將合也。〇李筌曰：伐其始交也。蘇秦約六國不事秦，而秦閉關十五年，不敢窺山東也。〇杜牧曰：非止將合而已，合之者，皆可伐也。張儀願獻秦地六百里於楚懷王，請絶齊交。隨何於黥布坐上殺楚使者，以絶項羽。曹公與韓遂交馬語，以疑馬超。高洋以蕭深明請和於梁，以疑侯景，終陷臺城。此皆伐交。權道變化，非一途也。〇陳皥曰：或云敵已興師交合，伐而勝之，是其次也。若晉文公敵宋，攜離曹、衛也。〇孟氏曰：交合強國，敵不敢謀。〇梅堯臣曰：以威勝。〇王皙曰：謂未能全屈敵謀，當且間其交，使之解散。彼

交，則事鉅敵堅；彼不交，則事小敵脆也。〇何氏曰：杜稱已上四事，乃親而離之之義也。伐交者，兵欲交合，設疑兵以懼之，使進退不得，因來屈服。旁鄰既爲我援，敵不得不孤弱也。〇張預曰：兵將交戰，將合則伐之。《傳》曰：「先人有奪人之心。」謂兩軍將合，則先薄之，孫叔敖之敗晉師，厨人濮之破華氏是也。或曰：伐交者，用交以伐人也，言欲舉兵伐敵，先結鄰國爲掎角之勢，則我彊而敵弱。

其次伐兵，

曹操曰：兵形已成也。〇李筌曰：臨敵對陳，兵之下也。〇賈林曰：善於攻取，舉無遺策，又其次也。故太公曰：「爭勝於白刃之前者，非良將也。」〇梅堯臣曰：以戰勝。〇王皙曰：戰者危事。〇張預曰：不能敗其始謀，破其將合，則犀利兵器以勝之。兵者，器械之摠名也。太公曰：「必勝之道，器械爲寶。」

其下攻城。

曹操曰：敵國已收其外糧城守，攻之爲下攻也。〇李筌曰：夫王師出境，敵則開壁送款，舉

櫬轅門，百姓怡悦，攻之上也。若頓兵堅城之下，師老卒惰，攻守勢殊，客主力倍，以此攻之爲下也。○杜佑曰：言攻城屠邑，攻之下者，所害者多。○梅堯臣曰：費財役爲最下。○王晳曰：士卒殺傷，城或未克。○張預曰：夫攻城屠邑，不惟老師費財，兼亦所害者多，是爲攻之下者。

攻城之法，爲不得已。

張預曰：攻城則力屈，所以必攻者，蓋不獲已耳。

修櫓轒轀，具器械，三月而後成；距闉，又三月而後已。

曹操曰：修，治也。櫓，大楯也。轒轀者，轒牀也。轒牀其下四輪，從中推之至城下也。具，備也。器械者，機關攻守之揔名，飛樓、雲梯之屬。距闉者，踊土積高而前，以附其城也。○李筌曰：櫓，楯也，以蒙首而趨城下。轒轀者，四輪車也，其下藏兵數十人，填隍推之，直就其城，木石所不能壞也。器械，飛樓、雲梯、板屋、木幔之類也。距闉者，土木山乘城也。東魏高歡之圍晉州，侯景之攻臺城，則其器也。役約三月，恐兵久而人疲也。○杜牧曰：櫓，即今

之所謂彭排。轒轀，四輪車，排大木爲之，上蒙以生牛皮，下可容十人，往來運土填壍，木石所不能傷，今俗所謂木驢是也。距闉者，積土爲之，即今之所謂壘道也。三月者，一時也。言修治器械，更其距闉，皆須經時精好成就，恐傷人之甚也。《管子》曰：「不能致器者困。」言無以應敵也。太公曰：「必勝之道，器械爲寶。」《漢書·志》曰：「兵之伎巧，一十有三家，習手足，便器械機關，以立攻守之勝者。」夫攻城者，有撞車、剗鈎車、飛梯、蝦蟇木、解合車、狐鹿車、影車、高障車、馬頭車、獨行車、運土豚魚車。○陳皞曰：杜稱櫓爲彭排，非也。若是彭排，即當用此楯字。曹云大楯，庶或近之。蓋言候器械全具須三月，距闉又三月，已計六月；將若不待此而生忿速，必多殺士卒。故下云「將不勝其忿而蟻附之」，「災也」。○杜佑曰：轒轀，上汾下温。距闉者，踊土積高而前，以附於城也。積土爲山曰堙，以距敵城，觀其虛實，《春秋傳》曰「楚司馬子反乘堙而闚宋城」也。梅堯臣曰：威智不足以屈人，不獲已而攻城也，治攻具須經時也。曹公曰：「櫓，大楯也。轒轀者，轒牀也，其下四輪，從中推至城下也。器械，機關攻守之總名，蜚梯之屬也。」謂櫓爲大楯，非也。兵之具甚衆，何獨言修大楯耶？

今城上守禦樓曰櫓，櫓是轒牀上革屋，以蔽矢石者歟？○張預曰：脩櫓，大楯也。《傳》曰：「晉侯登巢車以望楚軍。」《注》云：「巢車，車上爲櫓。」又：「晉師圍偪陽，魯人建大車之輪，蒙之以甲，以爲櫓，左執之，右拔戟，以成一隊。」《注》云：「櫓，大楯也。」以此觀之，脩櫓爲大楯明矣。轒轀，四輪車，其下可覆數十人，運土以實隍者。器械，攻城揔名也。三月者，約經時成也。或曰：孫子戒心忿而亟攻之，故權言以三月成器械，三月起距堙，其實不必三月也。城尚不能下，則又積土與城齊，使士卒上之，或觀其虚實，或毁其樓櫓，欲必取也。土山曰堙，楚子反乘堙而闚宋城是也。器械言成者，取其久而成就也。距堙言已者，以其經時而畢上也。皆「不得已」之謂。

將不勝其忿而蟻附之，殺士三分之一，而城不拔者，此攻之災也。

曹操曰：將忿，不待攻城器，而使士卒緣城而上，如蟻之緣牆，必殺傷士卒也。○李筌曰：將怒而不待攻城，而使士卒肉薄登城，如蟻之所附牆，爲木石所殺之者，三有一焉，而城不拔者，此攻之災也。○杜牧曰：此言爲敵所辱，不勝忿怒也。後魏太武帝率十萬衆，寇宋臧質于盱

眙。太武帝始就質求酒，質封溲便與之。太武大怒，遂攻城。乃命肉薄登城，分番相代，墜而復昇，莫有退者，屍與城平，復殺其高梁王。如此三旬，死者過半。太武聞彭城斷其歸路，見疾疫甚衆，乃解退。《傳》曰：「一女乘城，可敵十夫。」以此校之，尚恐不啻。○賈林曰：但使人心外附，士卒内離，城乃自拔。○杜佑曰：守過二時，敵人不服，將不勝心之忿，多使士卒蟻附其城，殺傷我士民三分之一也。言攻趣不拔，還爲己害。故韓非曰：「夫一戰不勝，則禍暨矣。」○何氏曰：將心忿急，使士卒如蟻緣而登，死者過半，城且不下，斯害也已。○張預曰：攻逾二時，敵猶不服，將心忿躁，不能持久，使戰士蟻緣而登城，則其士卒爲敵人所殺三中之一，而堅城終不可拔，兹攻城之害也已。或曰：將心忿速，不俟六月之久，而亟攻之，則其害如此。

故善用兵者，屈人之兵而非戰也，

李筌曰：以計屈敵，非戰之屈者。晉將郭淮圍麴城，蜀將姜維來救。淮趨牛頭山，斷維糧道及歸路。維大震，不戰而遁，麴城遂降，則不戰而屈之義也。○杜牧曰：周亞夫敵七國，引兵

東北，壁昌邑，以梁委吴，使輕兵絶吴餉道。吴、梁相弊而食竭，吴遁去，因追擊，大破之。蜀將姜維使將勾安、李韶守麴城，魏將陳泰圍之。姜維來救，出自牛頭山，與泰相對。泰曰：「兵法貴在不戰而屈人，今絶牛頭，維無返道，則我之擒也。諸軍各守勿戰，絶其還路。」維懼，遁走，安等遂降。○梅堯臣曰：戰則傷人。○王晳曰：若李左車説成安君，請以奇兵三萬人扼韓信於井陘之策是也。○何氏曰：言伐謀、伐交，不至於戰。故《司馬法》曰：「上謀不鬬。」其旨見矣。○張預曰：前所陳者，庸將之爲耳。善用兵者則不然，或破其計，或敗其交，或絶其糧，或斷其路，則可不戰而服之。若田穰苴明法令，拊士卒，燕晉聞之，不戰而遁亦是也。

拔人之城而非攻也，

李筌曰：以計取之。後漢鄭侯臧宫圍妖賊於原武，連月不拔，士卒疾癘。東海王謂宫曰：「今擁兵圍必死之虜，非計也。宜撤圍，開其生路而示之，彼必逃散，一亭長足擒也。」從之，而拔原武。魏攻壺關，亦其義也。○杜牧曰：司馬文王圍諸葛誕於壽春，議者多欲急攻之。文王以誕城固衆多，攻之力屈，若有外救，表裏受敵，此至危之道也。吾當以全策縻之，可坐制也。誕二年五月反，三年二月破滅。六軍按甲，深溝高壘，而誕自困。十六國前燕將慕容恪率兵討段龕於廣固，恪圍之。諸將勸恪急攻之，恪曰：「軍勢有緩而克敵，有急而取之。若彼我勢既均，外有強援，力足制之，當羈縻守之，以待其斃。」乃築室反耕，嚴固圍壘，終克廣固，曾不血刃也。○孟氏曰：言以威刑服敵，不攻而取，若鄭伯肉袒以迎楚莊王之類。○梅堯臣曰：攻則傷財。○王晳曰：若唐太宗降薛仁杲是也。○張預曰：或攻其所必救，使敵棄城而來援，則設伏取之，若耿弇攻臨淄而克西安，脅巨里而斬費邑是也。或外絶其強援，以久持之，坐俟其斃，若楚師築室反耕以服宋是也。茲皆不攻而拔城之義也。

毁人之國而非久也。

曹操曰：毁滅人國，不久露師也。○李筌曰：以術毁人國，不久而斃。隋文問僕射高熲伐陳之策，熲曰：「江外田收，與中國不同。伺彼農時，我正暇豫，徵兵掩襲，彼釋農守禦，候其聚兵，我便解退。再三若此，彼農事疲矣。又南方地卑，舍悉茅竹，倉庫儲積，悉依其閒，密使行

人，因風縱火，候其營立，更爲之。」行其謀，陳始病也。○杜牧曰：因敵有可乘之勢，不失其機，如摧枯朽。沛公入關，晉降孫皓，隋取陳氏，皆不久之。○賈林曰：兵不可久，久則生變。但毀滅其國，不傷殘於人，若武王伐殷，殷人稱爲父母。○杜佑曰：若誅理暴逆，毀滅敵國，不暴師衆也。○梅堯臣曰：久則生變。○王皙同梅堯臣注。○何氏曰：善攻者，不以兵攻，以計困之，令其自拔，令其自毀，非勞久守而取之也。○張預曰：以順討逆，以智伐愚，師不久暴，而敵國滅，何假六月之稽乎！

必以全爭於天下，故兵不頓而利可全，此謀攻之法也。

曹操曰：不與敵戰，而必完全得之，立勝於天下，不頓兵血刃也。○李筌曰：以全勝之計爭天下，是以不頓收利也。○梅堯臣曰：全爭者，兵不戰，城不攻，毀不久，皆以謀而屈敵，是曰「謀攻」，故不鈍兵利自完。○張預曰：不戰則士不傷，不攻則力不屈，不久則財不費。以完全立勝於天下，故無頓兵血刃之害，而有國富兵強之利，斯良將計攻之術也。

故用兵之法：十則圍之，

曹操曰：以十敵一則圍之，是將智勇等而兵利鈍均也；若主弱客強，不用十也。操所以倍兵圍下邳生擒吕布也。○杜牧曰：圍者，謂四面壘合，使敵不得逃逸。凡圍四合，必須去敵城稍遠，占地既廣，守備須嚴，若非兵多，則有闕漏，故用兵有十倍也。吕布敗，是上下相疑，侯成執陳宮委布降，所以能擒，非曹公兵力而能取之。若上下相疑，政令不一，設使不圍，自當潰叛，何況圍之？固須破滅。孫子所言「十則圍之」，是將勇智等而兵利鈍均，不言敵人自有離叛。曹公稱倍兵降布，蓋非圍之力窮也，此不可以訓也。○李筌曰：愚智、勇怯等，十倍於敵則圍之，攻守殊勢也。○杜佑曰：以十敵一則圍之，是爲將智勇等而兵利鈍均也。若主弱客勁，不用十也。曹公操所以倍兵圍下邳，生擒吕布。若敵堅壘固守，依附險阻，彼一我十，乃可圍也。敵雖盛，所據不便，未必十倍然後圍之。○梅堯臣曰：彼一我十，可以圍。○何氏曰：圍者，四面合兵以圍城。而校量彼我兵勢，將才愚智、勇怯等，而我十倍勝於敵人，是以十對一，可以圍之，無令越逸也。○張預曰：吾之衆十倍於敵，則四面圍合以取之，是爲將智勇等而兵利鈍均也。若主弱客強，不必十倍然後圍之。尉繚子曰：「守法：一而當十，十

卷十　第文篇

四

而當百，百而當千，千而當萬。」言守者十人，而當圍者百人，與此法同。

五則攻之，

曹操曰：以五敵一，則三術爲正，二術爲奇。○李筌曰：五則攻之，攻守勢殊也。○杜牧曰：術，猶道也，言以五敵一，則當取己三分爲三道，以攻敵之一面；留己之二，候其無備之處，出奇而乘之。西魏末，梁州刺史宇文仲和據州，不受代。魏將獨孤信率兵討之，仲和嬰城固守，信夜令諸將以衝梯攻其東北，信親帥將士襲其西南，遂克之也。○陳皞曰：兵(説)〔既〕五倍於敵，自是我有餘力，彼之勢分也，豈止分爲三道以攻敵？此獨説攻城，故下文云：「小敵之堅，大敵之擒也。」○杜佑曰：若敵并兵自守，不與我戰，彼一我五，乃可攻戰也。或(無)〔與〕敵人内外之應，未必五倍然後攻。○梅堯臣同杜佑註。○王晳曰：謂十圍而取五，則攻者皆勢力有餘，不待其虚懈也。此以下亦謂智勇、利鈍均耳。○何氏曰：愚智、勇(恃)〔怯〕等，量我五倍多於敵人，可以三分攻城，二分出奇以取勝。○張預曰：吾之衆五倍於敵，則當驚前掩後，衝東擊西，無五倍之衆，則不能爲此計。曹公謂三術爲正，二術爲奇，不其然乎？若敵無外援，我有内應，則不須五倍然後攻之。

倍則分之，

曹操曰：以二敵一，則一術爲正，一術爲奇。○李筌曰：夫兵者倍於敵，則分半爲奇；我衆彼寡，動而難制。符堅至淝水，不分而敗；王僧辯至張公洲，分而勝也。○杜牧曰：此言非也。此言以二敵一，則當取己之二，或趣敵之要害，或攻敵之必救，使敵一分之中復須分減相救，因以一分而擊之。夫戰法，非論衆寡，每陳皆有奇正，非待人衆，然後能設奇。項羽於烏江，二十八騎尚不聚之，猶設奇正，循環相救，況於其他哉！○陳皞曰：直言我倍於敵，分兵趨其所必救，即我倍中更倍，以擊敵之中分也。杜雖得之，未盡其説也。○杜佑曰：己二敵一，則一術爲正，一術爲奇。彼一我二，不足爲變，故疑兵分離其軍也。故太公曰：「不能分移，不可以語奇。」○梅堯臣曰：彼一我二，可分其勢。○王晳曰：謂分者，分爲二軍，使其腹背受敵，則我得一倍之利也。○何氏曰：兵倍於敵，則分半爲奇；我衆彼寡，足可分兵。主客力均，善戰者勝也。○張預曰：吾之衆一倍於敵，則當分爲二部：一以當其前，一以衝

其後。彼應前，則後擊之；應後，則前擊之。兹所謂「一術爲正，一術爲奇」也。杜氏不曉兵分則爲奇，聚則爲正，而遽非曹公，何誤也！

敵則能戰之，

曹操曰：己與敵人衆等，善者猶當設伏奇以勝之。○李筌曰：主客力敵，惟善者戰。○杜牧曰：此説非也。凡己與敵人兵衆多少、智勇利鈍一旦相敵，則可以戰。夫伏兵之設，或在敵前，或在敵後，或因深林叢薄，或因暮夜昏晦，或因隘阨山阪，擊敵不備，自名伏兵，非奇兵也。○陳皞曰：料己與敵人衆寡相等，先爲奇兵可勝之計，則戰之。故下文云：「不若則能避之。」杜説奇伏，得之也。○梅堯臣曰：勢力均，則戰。○王晳曰：謂能者能感士卒心，得其死戰耳。若設奇伏以取勝，是謂智優，不在兵敵也。○何氏曰：敵，言等敵也。唯能者可以戰勝耳。○張預曰：彼我相敵，則以正爲奇，以奇爲正，變化紛紜，使敵莫測，以與之戰，兹所謂設奇伏以勝之也。杜氏不曉凡置陳皆有揚奇備伏，而云伏兵當在山林，非也。

少則能逃之，

曹操曰：高壁堅壘，勿與戰也。○李筌曰：量力不如，則堅壁不出，挫其鋒，待其氣懈，而出奇擊之。齊將田單守即墨，燒牛尾，即殺騎刼，則其義也。○杜牧曰：兵不敵，且避其鋒，(尚)〔當〕俟隙，便奮決求勝。言能者，謂能忍忿受耻，敵人求挑不出也，不似曹咎汜水之戰也。○陳皞曰：此説非也。但敵人兵倍於我，則宜避之，以驕其志，用爲後圖，非謂忍忿受耻。太宗辱宋老生以虜其衆，豈是兵力不等也？○賈林曰：彼衆我寡，逃匿兵形，不令敵知，當設奇伏以待之，設詐以疑之，亦取勝之道。又，一云：逃匿兵形，敵不知所備，懼其變詐，全軍亦逃。○杜佑曰：高壁堅壘，勿與戰也。彼之衆，我之寡，不可敵，則當自逃，守匿其形。○梅堯臣曰：彼衆我寡，去而勿戰。○王晳曰：逃，伏也，謂能倚固逃伏以自守也。《傳》曰：「師逃于夫人之宫。」或兵少而有以勝者，蓋將優卒強耳。○何氏曰：兵少固壁，觀變潛形，見可則進。○張預曰：彼衆我寡，宜逃去之，勿與戰，是亦爲將智勇等而兵利鈍均也。若我治彼亂，我奮彼怠，則敵雖衆，亦可以合戰。若吴起以五百乘破秦五十萬衆，謝玄以八千卒敗苻堅一百萬，豈須逃之乎？

卷十　蒙求篇

不若則能避之。

曹操曰：引兵避之也。○杜牧曰：言不若者，勢力、交援俱不如也，則須速去之，不可遷延也。如敵人守我要害，發我津梁，合圍於我，則欲去不復得也。○杜佑曰：引兵備之，強弱不敵，勢不相若，則引軍避，待利而動。○梅堯臣曰：勢力不如，則引而避。○王晳曰：將與兵俱不若，遇敵攻，必敗也。○張預曰：兵力、謀勇皆劣於敵，則當引而避之，以伺其隙。

故小敵之堅，大敵之擒也。

曹操曰：小不能當大也。○李筌曰：小敵不量力而堅戰者，必爲大敵所擒也。漢都尉李陵以步卒五千之衆對十萬之軍，而見殁匈奴也。○杜牧曰：言堅者，將性堅忍，不能逃，不能避，故爲大者之所擒也。○孟氏曰：小不能當大也，言小國不量其力，敢與大邦爲讎，雖權時堅城固守，然後必見擒獲。《春秋傳》曰：「既不能強，又不能弱，所以敗也。」○梅堯臣曰：不逃、不避，雖堅亦擒。○王晳註同梅堯臣。○何氏曰：如右將軍蘇建、前將軍趙信將兵三千餘人，與大將軍衛青分行，獨逢單于兵數萬，力戰一日，漢兵且盡。前將軍信胡人，降爲翕侯，匈奴誘之，遂將其餘騎可八百餘奔降單于。右將軍蘇建遂盡亡其軍，獨以身得亡自歸。大將軍問其正閎、長史安、議郎周霸等建爲云何，霸曰：「自大將軍出，未嘗斬一裨將。今建棄軍，可斬以明威重。」閎、安曰：「不然。《兵法》：『小敵之堅，大敵之擒也。』今建獨以數千當單于數萬，力戰一日，餘士盡不敢有二心，自歸而斬之，是示後人無歸意也。」○張預曰：小敵不度強弱而堅戰，必爲大敵之所擒，息侯屈於鄭伯、李陵降於匈奴是也。孟子曰：「小固不可以敵大，弱固不可以敵強，寡固不可以敵衆。」

夫將者，國之輔也，輔周則國必強，

曹操曰：將周密，謀不泄也。○李筌曰：輔，猶助也。將才足，則兵必強。○杜牧曰：才周也。○賈林曰：國之強弱，必在於將。將輔於君而才周，其國則強；不輔於君，內懷其貳，則弱。擇人授任，不可不慎。○何氏曰：周，謂才智具也。得才智周備之將，國乃安強也。

輔隙則國必弱。

曹操曰：形見於外也。○李筌曰：隙，缺也。將才不備，兵必弱。○杜牧曰：才不周也。

○梅堯臣曰：得賢則周備，失士則隙缺。○王晳曰：周，謂將賢則忠才兼備；隙，謂有所缺也。○何氏曰：言其才不可不周，用事不可不周知也。故將在軍，必先知五事、六行、五權之用，與夫九變、四機之說，然後可以內御士衆，外料戰形；苟昧於兹，雖一日，不可居三軍之上矣。○張預曰：將謀周密，則敵不能窺，故其國強；微缺，則乘釁而入，故其國弱。太公曰：「得士者昌，失士者亡。」

故君之所以患於軍者三：

梅堯臣曰：患君之所不知。○孟氏曰：已下語是。○張預曰：下三事也。

不知軍之不可以進，而謂之進；不知軍之不可以退，而謂之退，是謂縻軍。

曹操曰：縻，御也。○李筌曰：縻，絆也。不知進退者，軍必敗，如絆驥足，無馳騁也。楚將龍且逐韓信而敗，是不知其進；秦將符融揮軍少却而敗，是不知其退。○杜牧曰：猶駕御縻絆，使不自由也。君，國君也。患於軍者，爲軍之患害也。夫授鉞凶門，推轂，閫外之事，將軍裁之。如趙充國欲爲屯田，漢宣必令決戰；孫皓臨滅，賈充尚請班師，此不知進退之謂也。○賈林曰：軍之進退，將可臨時制變，君命內御，患莫大焉。故太公曰：「國不可以從外治，軍不可以從中御。」○杜佑曰：縻，御也，靡爲反。君不知軍之形勢，而欲從中御也。○梅堯臣曰：君不知進退之宜，而專進退，是縻縶其軍，《六韜》所謂「軍不可以從中御」。○王晳曰：縻，縶也。去此患，則當託以不御之權，故必忠才兼備之臣爲之將也。○張預曰：軍未可以進，而必使之進；軍未可以退，而必使之退，是謂縻絆其軍也。故曰：進退由內御，則功難成。

不知三軍之事，而同三軍之政者，則軍士惑矣。

曹操曰：「軍容不入國，國容不入軍」，禮不可以治兵也。○李筌曰：任將不以其人也。燕將慕容評出軍，所在因山泉賣樵水，貪鄙積貨，爲三軍帥，不知其政也。○杜牧曰：「蓋謂禮度法令，自有軍法從事，若使同於尋常治國之道，則軍士生惑矣。至如周亞夫見天子不拜，漢文知其勇不可犯。魏尚守雲中，上首級，爲有司所劾，馮唐所以發憤也。」○杜佑曰：夫治國尚禮義，兵貴於權詐，形勢各異，教化不同，而君不知其變，軍國一政，以用治民，則軍士疑惑，

不知所措，故《兵經》曰「在國以信，在軍以詐」也。○陳皞曰：言不知三軍之事，違眾沮議。

《左傳》稱晉巍季不從軍師之謀，而以偏師先進，終爲楚之所敗也。○梅堯臣曰：不知治軍

之務，而參其政，則眾惑亂也，曹公引《司馬法》曰「軍容不入國，國容不入軍」是也。○何氏

曰：軍、國異容，所治各殊。欲以治國之法以治軍旅，則軍旅惑亂。○張預曰：仁義可以治

國，而不可以治軍，權變可以治國，理然也。號公不修慈愛，而爲晉所滅；

侯不守四德，而爲秦所克，是不以仁義治國也。齊侯不射君子，而敗於晉，宋公不擒二毛，而

岫於楚，是不以權變治軍也。故當仁義而用權譎，則國必危，晉號是也；當變詐而尚禮義，則

兵必敗，齊宋是也。然則治國之道，固不可以治軍也。

不知三軍之權，而同三軍之任，則軍士疑矣。

曹操曰：不得其人意也。○杜牧曰：謂將無權智，不能銓度軍士，各任所長，而雷同使之，不

盡其材，則三軍生疑矣。黃石公曰：「善任人者，使智、使勇、使貪、使愚，智者樂立其功，勇

者好行其志，貪者邀趨其利，愚者不顧其死。」○陳皞曰：將在軍，權不專制，任不自由，三軍

之士自然疑也。○杜佑曰：不得其人也。君之任將，當精擇焉。將若不知權變，不可付以勢

位。苟授非其人，則舉措失所，軍覆敗也。若趙不用廣武君而用成安君。○梅堯臣曰：不知

權謀之道，而參其任用，則眾疑貳也。○王晳曰：政也，權也，使不知者同之，則動有違異，必

同之，故通謂之三患。○何氏曰：不知用兵權謀之人，用之爲將，則軍不治而士疑。○張預

相牽制也，是則軍眾疑惑矣。裴度所以奏去監軍平蔡州也，此皆由君上不能專任賢將，則使

曰：軍吏中有不知兵家權謀之人，而使同居將帥之任，則政令不一，而軍疑矣。若邠之戰，中

軍帥苟林父欲還，裨將先縠不從，爲楚所敗是也。近世以中官監軍，其患正如此。高崇文伐

蜀，因罷之，遂能成功。

三軍既惑且疑，則諸侯之難至矣，是謂亂軍引勝。

曹操曰：引，奪也。○李筌曰：兵，權道也，不可謬而使處。

徒能讀其父書，然未知合變，王令以名使括，如膠柱鼓瑟。此則「不知三軍之權，而同三軍之

任」。趙王不從，果有長平之敗，諸侯之難至也。○杜牧曰：言我軍疑惑，自致擾亂，如引敵

○張預曰：百將一心，三軍同力，人人欲戰，則所向無前矣。

以虞待不虞者勝，

李筌、杜牧曰：有備預也。○孟氏曰：虞，度也。《左傳》曰「不備不虞，不可以師」待敵之可勝也。○陳皞曰：謂先爲不可勝之師，待敵之可勝也。○杜佑曰：虞，度也。以我有法度之師擊彼無法度之兵。○梅堯臣曰：慎備非常。○王晳曰：以我之虞待敵之不虞也。○何氏曰：春秋時，城濮之後，晉無楚備，以敗於邲。邲之後，楚無晉備，以敗於鄢。自鄢已來，晉不失備，而加之以禮，重之以睦，是以楚弗能加晉。又，周末，荊人伐陳，吳救之，軍行三十里，雨十日夜，不見星。左史倚相謂大將子期曰：「雨十日夜，甲輯兵聚，吳人必至，不如備之。」乃爲陳。而吳人至，見荊有備而反。左史曰：「其反覆六十里，其君子休，小人爲食；我行三十里，擊之必克。」從之，遂破吳軍。魏大將軍南征吳，到積湖。魏將滿寵帥諸軍在前，與敵隔水相對。寵令諸將曰：「今夕風甚猛，賊必來燒營，宜豫爲之備。」諸軍皆警。夜半，賊果遣十部來燒營，寵掩擊破之。又，春秋衛人以燕師伐鄭，鄭祭足、原繁、洩駕以三軍軍其前，

孫子兵法

卷上　謀攻篇

四

使曼伯與子元潛軍軍其後。燕人畏鄭三軍，而不虞制人。六月，鄭二公子以制人敗燕師於北制。君子曰：「不備不虞，不可以師。」又，楚子重自陳伐莒，圍渠丘。渠丘城惡，眾潰奔莒，楚入渠丘。莒人囚楚公子平。楚人曰：「勿殺，吾歸而俘。」莒人殺之，楚師圍莒，莒城亦惡。庚申，莒潰，楚遂入鄆，莒無備故也。　君子曰：「恃陋而不備，罪之大者也；備豫不虞，善之大者也。」莒恃其陋而不修城郭，浹辰之間，而楚克其三都，無備也夫！○張預曰：常爲不可勝以待敵，故吳起曰：「出門如見敵。」士季曰：「有備不敗。」

將能而君不御者勝。

曹操曰：《司馬法》曰「進退惟時，無曰寡人」也。○李筌曰：將在外，君命有所不受者勝，真將軍也。吳伐楚，吳公子光弟夫槩王至，請擊楚子常，不許。夫槩曰：「所謂見義而行，不待命也。今日我死，楚可人也。」以其屬五千，先擊楚子常，敗之。審此，則將能而君不能御也。晉宣帝拒諸葛於五丈原，天子使辛毗仗節軍門，曰：「敢問戰者，斬！」亮聞，笑曰：「苟能制吾，豈千里請戰？假言天子不許，示武於眾，此是不能之將。」○杜牧曰：「尉繚子曰：「夫將

者，上不制乎天，下不制乎地，中不制乎人。故兵者，凶器也；將者，死官也。」〇杜佑曰：將既精能，曉練兵勢；君能專任，事不從中御。故王子曰「指授在君，決戰在將」也。〇梅堯臣曰：自閫以外，將軍制之。〇王晳曰：君御能將者，不能絕疑忌耳。若賢明之主，必能知人，固當委任以責成効，推轂授鉞，是其義也。攻戰之事，一以專之，不從中御，所以一威，且盡其才也。況臨敵乘機，間不容髮，安可遥制之乎？〇何氏曰：古者，遣將於太廟，親操鉞，持其首，授其柄，曰：「從是以上至天者，將軍制之。」乃復操柄，授與刃，曰：「從是以下至淵者，將軍制之。」故李牧之爲趙將，居邊，軍市之租，皆自用饗士，賞賜決於外，不從中御也。周亞夫之軍細柳，軍中唯聞將軍之命，不聞天子之詔也。蓋用兵之法，一步百變，見可則進，知難而退。而曰：有王命焉，是白大人以救火也，未及反命，而煨燼久矣！曰：有監軍焉，是作舍道邊也，謀無適從，而終不可成矣。故御能將而責平猾虜者，如絆韓盧而求獲狡兔者，又何異焉？〇張預曰：將有智勇之能，則當任以責成功，不可從中御也，故曰：「閫外之事，將軍裁之。」

此五者，知勝之道也。

曹操曰：此上五事也。

故曰：知彼知己者，百戰不殆；

李筌曰：量力而拒敵，有何危殆乎？〇杜牧曰：以我之政料敵之政，以我之將料敵之將，以我之衆料敵之衆，以我之食料敵之食，以我之地料敵之地。校量已定，優劣短長皆先見之，然後兵起，故有百戰百勝也。〇孟氏曰：審知彼己強弱、利害之勢，雖百戰，實無危殆也。〇梅堯臣曰：彼己五者盡知之，故無敗。〇王晳曰：殆，危也。謂校盡彼我之情，知勝而後戰，則百戰不危。〇張預曰：知彼知己者，攻守之謂也。知彼則可以攻，知己則可以守。攻是守之機，守是攻之策。苟能知之，雖百戰不危也。或曰：士會察楚師之不可敵，陳平料劉項之長短，是知彼知己也。

不知彼而知己，一勝一負；

李筌曰：自以己強，而不料敵，則勝負未定。秦主苻堅以百萬之衆南伐，或謂曰：「彼有人

焉。謝安、桓沖，江表偉才，不可輕之。」堅曰：「我以八州之衆，士馬百萬，投鞭可斷江水，何難之有？」後果敗績，則其義也。○杜牧曰：恃我之强，不知敵不可伐者，一勝一負。王猛將終，諫符堅曰：「晉氏雖在江表，而正朔所稟；謝安、桓沖，江表偉人，不可伐也。」及堅南伐，曰：「吾士馬百萬，投鞭可濟。」遂有淝水之敗也。○陳皞曰：杜説乃是出兵無名，而伐無罪，所以敗也，非「一勝一負」之義。○杜佑曰：雖不知敵之形勢，恃己能克之者，勝負各半。○梅堯臣曰：自知己者，勝負半也。○王晳曰：但能計己，不知敵之强弱，則或勝或負。○張預曰：唐太宗曰：「今之將臣，雖未能知彼，苟能知己，則安有不利乎？」所謂知己者，守吾氣而有待焉者也。故知守而不知攻，則勝負之半。

不知彼，不知己，每戰必殆。

李筌曰：是謂狂寇，不敗何待也？○杜佑曰：外不料敵，内不知己，用戰必殆。○梅堯臣曰：一不知，何以勝？○王晳曰：全昧於計也。○張預曰：攻守之術皆不知，以戰則敗。

形篇

曹操曰：軍之形也。我動彼應，兩敵相察情也。○李筌曰：形，謂主客、攻守、八陳、五營、陰陽、向背之形。○杜牧曰：因形見情。無形者情密，有形者情疎；密則勝，疎則敗也。○王晳曰：形者，定形也，謂兩敵强弱有定形也。善用兵者，能變化其形，因敵以制勝。○張預曰：兩軍攻守之形也。隱於中，則人不可得而知；見於外，則敵乘隙而至。形因攻守而顯，故次《謀攻》。

孫子曰：昔之善戰者，先爲不可勝，

張預曰：所謂「知己」者也。

以待敵之可勝。

梅堯臣曰：藏形内治，伺其虚懈。○張預曰：所謂「知彼」者也。

不可勝在己，可勝在敵。

曹操曰：自修理，以待敵之虚懈也。○李筌曰：夫善用兵者，守則深壁，多具軍食，善其教

練；攻其城，則尚檣棚、雲梯、土山、地道；陳，則(在)〔左〕川澤、右丘陵，背孤向虛，從疑擊閒；善戰者，掎角勢連，首尾相應者，爲不可勝也。夫善戰者，能爲不可勝，不能使敵之必可勝，故曰：「勝可知而不可爲，不可勝者守也，可勝者攻也。」此數者，以爲可勝也。○杜牧曰：自整軍事，長有待敵之備；閉跡藏形，使敵人不能測度，因伺敵人有可乘之便，然後出而攻之。○杜佑曰：先咨之廟堂，慮其危難，然後高壘深溝，使兵士練習，以此守備之(故)〔固〕，待敵之闕，則可勝之。言制敵在外，故自修理，以候敵之虛懈；已見敵有闕漏之形，然後可勝。○王晳曰：不可勝者，修道保法也；可勝者，有所隙耳。○張預曰：守之故在己，攻之故在彼。

故善戰者，能爲不可勝，

杜牧曰：不可勝者，上文注解所謂修整軍事、閉形藏跡是也。此事在己，故曰「能爲」。○張預曰：藏形晦跡，居常嚴備，則己能焉。

不能使敵之可勝。

杜牧曰：敵若無形可窺，無虛懈可乘，則我雖操可勝之具，亦安能取勝敵乎？○賈林曰：敵有智謀，深爲己備，不能強令不己備。○杜佑曰：在己故練兵士，策與道合，深爲己備者，亦不可強勝之。○梅堯臣曰：在己故能爲，在敵故無必。○王晳曰：在敵不在我也。○張預曰：若敵強弱之形不顯於外，則我豈能必勝於彼？

故曰：勝可知，

曹操曰：見成形也。○杜牧曰：知者，但能知己之力，可以勝敵也。○陳皥曰：取勝於形，勝可知也。

而不可爲。

曹操曰：敵有備故也。○杜牧曰：言我不能使敵人虛懈，爲我可勝之資。○賈林曰：敵若隱而無形，不可強爲勝敗。○杜佑曰：敵有備也。已料敵，見敵形者，則勝負可知；若敵密而無形，亦不可強使爲敗，故范蠡曰：「時不至，不可強生；事不究，不可強成。」○梅堯臣曰：敵有闕，則可知；敵無闕，則不可爲。○何氏曰：可知之勝在我，我有備也；不可爲之

勝在敵，敵無形也。○張預曰：己有備，則勝可知；敵有備，則不可爲。

不可勝者，守也；

曹操曰：藏形也。○杜牧曰：言未見敵人有可勝之形，己則藏形，爲不可勝之備，以自守也。○杜佑曰：藏形也。若未見其形，彼衆我寡，則自守也。○梅堯臣曰：且有待也。○何氏曰：未見敵人形勢虛實有可勝之理，則宜固守。○張預曰：知己未可以勝，則守其氣而待之。

可勝者，攻也。

曹操曰：敵攻己，乃可勝。○李筌曰：夫善用兵者：守，則高壘堅壁也；攻，則尚橦棚、雲梯、土山、地道；陳，左川澤，右丘陵，背孤向虛，從疑擊間，識辨五令以節衆，犄角勢連、首尾相應者，爲不可勝也。無此數者，以爲可勝也。○杜牧曰：敵人有可勝之形，則當出而攻之。○杜佑曰：敵攻己，乃可勝也。已見其形，彼寡我衆，則可攻。○梅堯臣曰：見其闕也。○王晳曰：守者，以於勝不足。攻者，以於勝有餘。○張預曰：知彼有可勝之理，則攻其心

而取之。

守則不足，攻則有餘。

曹操曰：吾所以守者，力不足也。所以攻者，力有餘也。○李筌曰：力不足者，可以守；力有餘者，可以攻也。○梅堯臣曰：守則知力不足，攻則知力有餘。○張預曰：吾所以守者，謂取勝之道有所不足，故且待之。吾所以攻者，謂勝敵之事已有其餘，故出擊之。言非百勝不戰，非萬全不鬭也。後人謂「不足」爲弱，「有餘」爲強者非也。

善守者，藏於九地之下；善攻者，動於九天之上，故能自保而全勝也。

曹操曰：因山川、丘陵之固者，藏於九地之下。因天時之變者，動於九天之上。○李筌曰：《天一遁甲經》云：「九天之上可以陳兵，九地之下可以伏藏。」常以直符加時干，後一所臨宮爲九天，後二所臨宮爲九地。地者，靜而利藏。天者，運而利動。故魏武不明二遁，以九地爲山川、九天爲天時也。夫以天一、太一之遁幽微，知而用之，故全也。《經》云：「知三避五，魁然獨處。能知三五，橫行天下。」以此法出，不拘諸咎，則其義也。○杜牧曰：守者，韜聲

滅跡，幽比鬼神，在於地下，不可得而見之。攻者，勢迅聲烈，疾若雷電，如來天上，不可得而備也。九者，高深，數之極。○陳皞曰：春三月，寅功曹爲九天之上，申傳送爲九地之下。夏三月，午勝先爲九天之上，子神后爲九地之下。秋三月，申傳送爲九天之上，寅功曹爲九地之下。冬三月，子神后爲九天之上，午勝先爲九地之下也。○杜佑曰：善守備者，務因其山川之阻、丘陵之固，使不知所攻，言其深密，藏於九地之下。善攻者，務因天時、地利，爲水火之變，使敵不知所備，言其雷震發動，若〔動〕於九天之上也。○梅堯臣曰：九地，言深不可知。九天，言高不可測。蓋守備密，而攻取迅也。○王晳曰：守者，爲未見可攻之利，當潛藏其形，沉静幽默，不使敵人窺測之也。攻者，爲見可攻之利，當高遠神速，乘其不意，懼敵人覺我而爲之備也。九者，極言之耳。○何氏曰：九地、九天，言其深微。尉繚子曰：「治兵者，若祕於地，若邃於天。」言其祕密邃遠之甚也。後漢，涼州賊王國圍陳倉，左將軍皇甫嵩督前軍董卓救之。卓欲速進赴陳倉，嵩不聽。卓曰：「智者不後時，勇者不留決。速救則城全，不救則城滅。全、滅之勢，在於此也。」嵩曰：「不然。百戰百勝，不如不戰而屈人之兵。是以

先爲不可勝，以待敵之可勝。不可勝在我，可勝在彼。彼守不足，我攻有餘。有餘者，動於九天之上。不足者，陷於九地之下。今陳倉雖小，城守固備，非九地之陷也。王國雖強，而攻我之所不救，非九天之勢也。夫勢非九天，攻者受害。陷非九地，守者不拔。國今已陷受害之地，而陳倉保不拔之城，我可不煩兵動衆，而取全勝之功，將何救焉？」遂不聽。王國圍陳倉，自冬迄春，八十餘日，城堅守固，竟不能拔。賊衆疲弊，果自解去。○張預曰：藏於九地之下，喻幽而不可知也。動於九天之上，喻來而不可備也。尉繚子曰「若祕於地，若邃於天」是也。守則固，是自保也。攻則取，是全勝也。

見勝不過衆人之所知，非善之善者也；

曹操曰：當見未萌。○李筌曰：知不出衆知，非善也。韓信破趙，未餐而出井陘，曰：「破趙會食。」時諸將嘸然，佯應曰：「諾。」乃背水陳。趙乘壁望見，皆大笑，言漢將不便兵也。乃破趙，食，斬成安君。此則衆所不知也。○杜牧曰：衆人之所見，破軍殺將，然後知勝。我之所見，廟堂之上，罇俎之間，已知勝負者矣。○賈林曰：守必固，攻必克，能自保全，而常

不失勝。見未然之勝，善知將然之敗，謂實微妙通玄，非衆人之所見也。○孟氏曰：當見未萌。言兩軍已交，雖料見勝負，策不能過絶於人，但見近形非遠。太公曰：「智與衆同，非國師也。」○梅堯臣曰：人所見而見，故非善。○王晳曰：衆常之人，見所以勝，而不知制勝之形。○張預曰：衆人所知，已成已著也。我之所見，未形未萌也。

戰勝而天下曰善，非善之善者也。

曹操曰：爭鋒也。○李筌曰：爭鋒力戰，天下易見，故非善也。○杜牧曰：天下，猶上文言衆也。言天下人皆稱戰勝者，故破軍殺將者也。我之善者，陰謀潛運，攻必伐謀，勝敵之日，曾不血刃。○陳皞曰：潛運其智，專伐其謀，未戰而屈人之兵，乃是善之善者也。○梅堯臣曰：見不過衆，戰雖勝，天下稱之，猶不曰善。○王晳曰：以謀屈人，則善矣。○張預曰：戰而後能勝，衆人稱之曰善，是有智名、勇功也，故云「非善」。若見微察隱，取勝於無形，則真善者也。

故舉秋毫不爲多力，見日月不爲明目，聞雷霆不爲聰耳。

曹操曰：易見聞也。○李筌曰：易見聞也。以爲攻戰勝，而天下不曰善也。夫智能之將，人所莫測，爲之深謀，故孫武曰「難知如陰」也。○王晳曰：衆人之所知，不爲智。力戰而勝人，不爲善。○何氏曰：此言衆人之所見所聞，不足爲異也。昔烏獲舉千鈞之鼎爲力，離朱百步覩纖芥之物爲明，師曠聽蚊行螘步爲聰也。兵之成形而見之，誰不能也？故勝於未形，乃爲知兵矣。○張預曰：人皆能也。引此以喻衆人之見勝也。秋毫，謂兔毛至秋而勁細，言至輕也。

古之所謂善戰者，勝於易勝者也。

曹操曰：原微易勝，攻其可勝，不攻其不可勝也。○杜牧曰：敵人之謀，初有萌兆，我則潛運以能攻之，用力既少，制勝既微，故曰「易勝」也。○梅堯臣曰：力舉秋毫，明見日月，聰聞雷霆，不出衆人之所能也。故見於著則勝於艱，見於微則勝於易。○何氏曰：言敵人之謀，初有萌兆，我則潛運已能攻之，用力既少，制敵甚微，故曰「易勝」也。○張預曰：交鋒接刃，而後能制敵者，是其勝難也；見微察隱，而破於未形者，是其勝易也。故善戰者，常攻其易勝，

而不攻其難勝也。

故善戰者之勝也，無智名，無勇功。

曹操曰：敵兵形未成，勝之無赫赫之功也。○李筌曰：勝敵而天下不知，何智名之有？○杜牧曰：勝於未萌，天下不知，故無智名。曾不血刃，敵國已服，故無勇功也。○梅堯臣曰：大智不彰，大功不揚，見微勝易，何勇何智？○何氏曰：患銷未形，人誰稱智？不戰而服人，誰言勇？漢之子房、唐之裴度能之。○張預曰：陰謀潛運，取勝於無形，天下不聞料敵制勝之智，不見搴旗斬將之功，若留侯未嘗有戰鬭功是也。

故其戰勝不忒，

李筌曰：百戰百勝，有何疑貳也？此筌以「忒」字爲「貳」也。○陳皞曰：籌不虛運，策不徒發。○張預曰：力戰而求勝，雖善者亦有敗時。既見於未形，察於未成，則百戰百勝，而無一差忒矣。

不忒者，其所措必勝，勝已敗者也。

曹操曰：察敵必可敗，不差忒也。○李筌曰：置勝於已敗之師，何忒焉？師老卒惰，法令不一，謂「已敗」也。○杜牧曰：措，猶置也。忒，差忒也。我能置勝不忒者何也？蓋先見敵人已敗之形，然後攻之，故能致必勝之功，不差忒也。○賈林曰：讀「措」爲「錯」，錯雜也。取敵之勝，理非一途，故雜而料之也。常於勝未形，已見敵之敗。○梅堯臣曰：睹其可敗，勝則不差。○何氏曰：善料也。○張預曰：所以能勝而不差者，蓋察知敵人有必可敗之形，然後措兵以勝之云耳。

故善戰者，立於不敗之地，而不失敵之敗也。

李筌曰：兵得地者昌，失地者亡。地者，要害之地。秦軍敗趙，先據北山者勝；宋師伐燕，過大峴而勝，皆得其地也。○杜牧曰：不敗之地者，爲不可勝之計，使敵人必不能敗我也。不失敵人之敗者，言窺伺敵人可敗之形，不失毫髮也。○陳皞註同李筌。○杜佑註同杜牧。○梅堯臣曰：善候敵隙，我則常勝。○王晳曰：常爲不可勝，待敵可勝，不失其機。○何氏曰：自恃有備，則無患；常伺敵隙，則勝之不失也。立於不敗之地利也，言我常爲勝所。

莊子集釋　卷十一

○張預曰：審吾法令，明吾賞罰，便吾器用，養吾武勇，是立於不敗之地也。我有節制，則彼將自衂，是不失敵之敗也。

是故勝兵先勝而後求戰，敗兵先戰而後求勝。

曹操曰：有謀與無慮也。○李筌曰：計與不計也。是以薛公知黥布之必敗，田豐知魏武之必勝，是其義也。○杜牧曰：管子曰：「天時、地利，其數多少，其要必出於計數。故凡攻伐之道，計必先定於内，然後兵出乎境。不明敵人之政，不能加也。不明敵人之積，不能約也。不明敵人之將，不見先軍。不明敵人之士，不見先陳。故以衆擊寡，以治擊亂，以富擊貧，以能擊不能，以教士練卒擊毆衆白徒，故能百戰百勝。」此則先勝而後求戰之義也。衛公李靖曰：「夫將之上務，在於明察而衆和，謀深而慮遠，審於天時，稽乎人理。若不料其能，不達權變，及臨機對敵，方始趑趄，左顧右眄，計無所出，信任過説，一彼一此，進退狐疑，部伍狼藉，何異趣蒼生而赴湯火、驅牛羊而啗狼虎者乎？」此則先戰而後求勝之義也。○賈林曰：不知彼我之情，陳兵輕進，意雖求勝，而終自敗也。○梅堯臣曰：可勝而戰，戰則勝矣。未見

可勝，勝可得乎？○何氏曰：凡用兵，先定必勝之計，而後出軍。若不先謀，唯欲恃強，勝未必也。○張預曰：計謀先勝，然後興師，故以戰則克。尉繚子曰：「兵不必勝，不可以言戰。攻不必拔，不可以言攻。」謂危事不可輕舉也。又曰：「兵貴先勝於此，則勝彼矣。弗勝於此，則弗勝彼矣。」此之謂也。若趙充國常先計而後戰，亦是也。不謀而進，欲幸其成功，故以戰則敗。

善用兵者，修道而保法，故能爲勝敗之政。

曹操曰：善用兵者，先自修治，爲不可勝之道，保法度，不失敵之敗亂也。○李筌曰：以順討逆，不伐無罪之國，軍至，無虜掠，不伐樹木、污井竈，所過山川、城社、陵祠，必滌而除之，不習亡國之事，謂之道法也。軍嚴肅，有死無犯，賞罰信義，立將若此者，能勝敵之敗政也。○杜牧曰：道者，仁義也。法者，法制也。善用兵者，先修治仁義，保守法制，自爲不可勝之政，伺敵有可敗之隙，則攻能勝之。○賈林曰：常修用兵之勝道，保賞罰之法度，如此則常爲勝，不能則敗，故曰「勝敗之政」也。○梅堯臣曰：攻守自修，法令自保，在我而已。○王晳

第十　某篇

○（本页为《兵經》刻本之一页，字迹极淡，正文多为以○、曰领起之对话体文句，漫漶难辨。）

曰：法者，下之五事也。○張預曰：修治爲戰之道，保守制敵之法，故能必勝。或曰：先修飾道義，以和其衆；後保守法令，以戢其下，使民愛而畏之，然後能爲勝敗。

兵法：一曰度，

賈林曰：度土地也。○王晳曰：丈尺也。

二曰量，

賈林曰：量人力多少，倉廪虛實。○王晳曰：斗斛也。

三曰數，

賈林曰：筭數也，以數推之，則衆寡可知，虛實可見。○王晳曰：百千也。

四曰稱，

賈林曰：既知衆寡，兼知彼我之德業輕重、才能之長短。○王晳曰：權衡也。

五曰勝。

曹操曰：勝敗之政，用兵之法，當以此五事稱量，知敵之情。○張預曰：此言安營布陳之法也。李衛公曰：「教士猶布碁於盤，若無畫路，碁安用之？」

地生度，

曹操曰：因地形勢而度之。○李筌曰：既度有情，則量敵而禦之。○杜牧曰：度者，計也。言度我國土大小，人户多少，征賦所入，兵車所籍，山河險易，道里迂直，自度此事與敵人如何，然後起兵。夫小不能謀大，弱不能擊强，近不能襲遠，夷不能攻險，此皆生於地，故先度也。○梅堯臣曰：因地以度軍勢。○王晳曰：地，人所履也。舉兵攻戰，先本於地，由地故生度。度，所以度長短、知遠近也。凡行軍臨敵，先須知遠近之計。○何氏曰：地者，遠近、險易也。度，計也。未出軍，先計敵國之險易，道路迂直，兵甲孰多，勇怯孰是，計度可伐，然後興師動衆，可以成功。

度生量，

杜牧曰：量者，酌量也。言度地已熟，然後能酌量彼我之強弱也。○梅堯臣曰：因度地以量敵情。○王晳曰：謂量有大小。言既知遠近之計，則須更量其敵之大小也。○何氏曰：量

[illegible]

孫子兵法　卷十　形篇

[illegible]

酌彼己之形勢。

量生數，

曹操曰：知其遠近、廣狹，知其人數也。○李筌曰：量敵遠近、強弱，須備士卒、軍資之數而勝也。○杜牧曰：數者，機數也。言強弱已定，然後能用機變數也。○賈林曰：量地遠近、廣狹，則知敵人人數多少也。○梅堯臣曰：因量以得衆寡之數。○王晳曰：數，所以紀多少。言既知敵之大小，則更計其精劣、多少之數。曹公曰：「知其人數。」○何氏曰：數，機變也。先酌量彼我強弱、利害，然後爲機數。○張預曰：地有遠近、廣狹之形，必先度知之，然後量其容人多少之數也。

數生稱，

曹操曰：稱量〔己與〕敵孰愈也。○李筌曰：分數既定，賢智之多少，得賢者重，失賢者輕，如韓信之論楚漢也，須知輕重，別賢愚而稱之，錙銖則強。○杜牧曰：稱，校也。機權之數已行，然後可以稱校彼我之勝負也。○梅堯臣曰：因數以權輕重。○王晳曰：稱所以知重輕，喻強弱之形勢也。能盡知遠近之計、大小之舉、多少之數，以與敵相形，則知重輕所在。○何氏同杜牧註。

稱生勝。

曹操曰：稱量之，故知其勝負所在。○李筌曰：稱知輕重，勝敗之數可知也。○杜牧曰：稱校既熟，我勝敵敗，分明見也。○梅堯臣曰：因輕重以知勝負。○王晳曰：重勝輕也。○陳皥、杜佑（李筌）同杜牧上「五事」註。○何氏曰：上五事，未戰先計必勝之法，故孫子引古法，以疏勝敗之要也。○張預曰：稱，宜也。地形與人數相稱，則疏密得宜，故可勝也。尉繚子曰：「無過在於度數。」度謂尺寸，數謂什伍。度以量地，數以量兵，地與兵相稱則勝。五者皆因地形而得，故自地而生之也。李靖「五陳」，隨地形而變是也。

故勝兵若以鎰稱銖，

梅堯臣曰：力易舉也。

敗兵若以銖稱鎰。

曹操曰：輕不能舉重也。○李筌曰：二十兩爲鎰。銖之於鎰，輕重異位，勝敗之數，亦復如之。○梅堯臣曰：力難制也。○王晳曰：言銖鎰者，以明輕重之至也。○張預曰：二十兩爲鎰，二十四銖爲兩。此言有制之兵對無制之兵，輕重不侔也。

勝者之戰民也，若決積水於千仞之谿者，形也。

曹操曰：八尺曰仞。決水千仞，其（高）勢疾也。○李筌曰：八尺曰仞，言其勢也。杜預伐吴，言兵如破竹，數節之後，皆迎刃自解，則其義也。○杜牧曰：夫積水在千仞之谿，不可測量，如我之守不見形也。及決水下，湍浫奔注，如我之攻，不可禦也。○梅堯臣曰：水決千仞之谿，莫測其迅；兵動九天之上，莫見其跡，此軍之形也。○王晳曰：千仞之谿，至陗絶也。喻不可勝對可勝之形，乘機攻之，決水是也。○張預曰：水之性避高而趨下，決之赴深谿，固湍浚而莫之禦也。兵之形象水，乘敵之不備，掩敵之不意，避實而擊虛，亦莫之制也。或曰：千仞之谿謂不測之淵，人莫能量其淺深。及決而下之，則其勢莫之能禦。如善守者匿形晦跡，藏於九地之下，敵莫能測其強弱；及乘虛而出，則其鋒莫之能當也。